Découvrez l'histoire par les archives de presse

RETRONEWS

Le site de presse de la BnF

www.retronews.fr

FLAMBERGE
Numéro 9   Janvier 1913
Ont collaboré à ce numéro :
Ch.-André GROUAS
Henry DOMMARTIN
Raymond LIMBOSCH
Jean de BOSSCHÈRE
Léon VÉRANE
Alexandre CHIGNAC
Francis CARCO
Maxime DOUÉ
Georges RENS
Olivier HOURCADE
René LYR
Paul MÉLOTTE
Raymond HUSTIN
Arthur CANTILLON
ANTO CARTE

Flamberge

REVUE DE LITTÉRATURE & DE SOCIOLOGIE
affiliée à l'Union de la Presse périodique ———

72, rue des Capucins, MONS (Belgique)

**Pour la Défense et l'Illustration
de la culture française en Belgique**

Directeurs :
Arthur CANTILLON, Lucien MARCHAL.

Correspondant à Paris :
Alexandre MERCEREAU, 88, Boulevard de Port-Royal.

Correspondant à Berlin :
Claude AMAYROL-GRANDER, 62, Zimmerstrasse.

Correspondant à Londres :
Arundel del RÉ, 93, Chancery Lane, W. C.

Comité :
Mme MAX-HAUTIER ;
Raymond HUSTIN, Lucien CHRISTOPHE,
Max HAUTIER, Jean GHILAIN, R. MINOR,
Pierre GALICHET.

●━━━━━●

*Il sera rendu compte de tout ouvrage dont DEUX
EXEMPLAIRES parviendront à la rédaction.*

●━━━━━●

Abonnement (12 Numéros)

BELGIQUE : 8 Francs
ÉTRANGER : 10 Francs

Toute personne fournissant 4 abonnements est abonnée
de droit à la Revue.

LE PUITS

Depuis longtemps mes pas ont perdu ton chemin
mais sous le collier roux du jonc fripé qui erre
au bord de ton eau verte et limpide à ma main,
entre tes Cils de Buis et ton Cerne de pierre
tu m'apparais vieux puits comme un regard humain ;
Car dans tes yeux profonds que la Ronce enchevêtre
et qu'envahit l'Ortie et que la Mousse éteint
on dirait qu'un Rayon quelquefois vient renaître
on dirait qu'une Voix dans ces murs monte et geint ; —
on dirait que la Source au travers de la Pierre
qui la capte vivante et qui retient son flux,
pleure au frisson du Bois, du Vent, de la Lumière
et de l'Herbe et du Sol qui ne l'entendrait plus,
On dirait, quand parfois comme une offrande y tombe
les débris d'une fleur ou qu'une feuille y cheoit,
que son Eau, que son Ame au travers de sa tombe
Se souvient du Verger et des Bois d'Autrefois
puis son Onde à l'instant se fait morte et glacée,
tout frisson s'en éteint de lui-même et plus rien,
Reflet, ride ou Remous, ne trahit la pensée
du Gouffre impénétrable et du Cœur diluvien,
et si longtemps encore attardé sur l'Eau lente
ô Puits des Anciens Jours je m'efforçais en vain
de déchiffrer ta plainte incertaine et dolente
c'est qu'analogue ainsi je discernais soudain
l'Echo de quelque Voix, morose, lasse et frêle
qui s'éveillant bien loin et se plaignant en Moi
de l'Etreinte ou le Temps emprisonnait ses Ailes
se tordait dans mon Être et pleurait aux parois.

Ch.-André Grouas.

LA COUPE

Que d'autres plus heureux vous offrent la chlamyde,
le sachet, le miroir ou la pourpre en faisceaux
le cothurne de Kos la laine Mégamide,
mais moi dans ma Maison n'ayant que mes pinceaux
pour colorer l'argile et que ma roue stridente,
je viens vers votre seuil avec la coupe ardente,
où conduisant le Cours des Mois et des Travaux
j'ai fait naître du sol vers les Sillons nouveaux
aux doigts de la Saison l'Heure printannière ; —
en tresse j'ai tracé sur sa Robe le lierre, —
en couronne à son front le Gui prestigieux, —
sous ses pieds nus la Rose, et sur son Char les Vœux
qui dirigeaient couplés sous la Herse thébaine
deux bœufs étincelants et deux taureaux d'ébène ; —
sur la route j'ai peint dans la pourpre l'Espoir, —
et sur la Cime, et dans l'Azur et vers le Soir,
parmi les grappes d'or et les tables ornées
la Sagesse embrasant les Feux de l'Hyménée
et dressant les festins qui sont ma Volupté ; —
et en guirlande autour, prémices de l'Eté,
le fléau diligent, la Serpe, la faucille
et la quenouille blonde et le fuseau des filles ; —
que ce présent vous soit propice et messager,
car je l'ai pour vous Seule et sur mon tour léger
pétri dans un limon plus fin que la Rosée
et l'ayant fait au feu de toute ma pensée,
j'ai simplement gravé sous ce double laurier :
à KALLIDICE BELLE, EUPHORION POTIER.

Ch.-André Grouas.

SUR L'ART

(ESQUISSE)

Il y a dans l'évolution de l'art un mouvement incessant de va-et-vient qui tend sourdement, semble-t-il, vers une définitive station. Chaque époque connaît un mode particulier d'expression auquel les artistes se soumettent et qu'infailliblement l'époque suivante combat.

Bien plus, à chaque époque des écoles opposées se forment qui revendiquent la prétention, chacune, d'être seules dans la vérité. Sous l'eau mouvante de ces infinies transformations, la vie, c'est-à-dire le contenu sensible du moi, est le sol ferme où nous nous appuyons. Sa vertu nous dresse contre les démarches mécanisées et qui portent à faux ; le déploiement de sa force suscite l'œuvre. Mais la vie ne se révèle que par son efficace ; sa substance même nous est impénétrable, étant le fond d'où tout rayonne. De là, que nous nous en détachons à certains moments et que nous donnons prise à la critique.

Régulièrement, le phénomène se reproduit de la manière suivante. Un créateur paraît qui s'exprime de façon vraiment originale et spontanée. Cependant, il n'évite pas la note fausse dans la symphonie qu'il ordonne ; il ne se dérobe pas à la hantise de ses propres formules, consacrées par l'approbation du public. Ses contemporains, artistes de moindre élan dont la vigueur mal assurée ne parvient pas à l'autonomie, affluent vers sa sensibilité et s'y établissent. Un groupe se forme où les erreurs du maître, non compensées par sa force, grandissent jusqu'à étouffer tout sincère essor. Un autre créateur survient. A l'œuvre morte, il oppose la sienne, vivante. Et un nouveau groupe s'assemble...

*
* *

Il y a, en dépit des plus violents écarts, un mouvement sous-jacent de continuité. Les créateurs n'imitent pas ; ils sont en lutte avec le passé ; n'empêche que leurs racines y plongent. Ils ne s'enferment pas dans les formes employées, ils ne se limitent pas dans les formules toutes faites, mais ce qui constitue l'essentielle valeur des œuvres passe en leur propre substance et l'intensifie. Ainsi, la participation à l'universel mouvement s'élabore dans l'inconscient par derrière la volonté individuelle et malgré les négations qui se jouent à la surface. Le créateur ne va pas vers le monde — il en vient.

*
* *

La Vie, avec la faculté de l'exprimer au plus près, est l'unique critère de perfection. L'Art n'est qu'une forme de la Vie, la plus concentrée. Il y a autant de manières de vivre que d'individus ; mais plus on pousse dans l'individuel, plus on joint le permanent ; dans la mesure où l'on réalise sa dissemblance, on approche de l'identité. L'absolu que nous avons accoutumé de placer devant nos yeux réside au plus profond de nous. Nous ne l'atteignons que par une descente résolue dans nos profondeurs. L'absolu, c'est la mouvante réalité humaine dans sa pureté. Elle est riche à des degrés différents selon l'homme ; et chacun a son chemin qui y mène, mais la plupart s'arrêtent à mi-descente, faute de vigueur. Je ne pense qu'à ceux qui parviennent jusqu'au fond, et dont la matière vivante s'est particulièrement condensée. Leurs chemins diffèrent, mais tendent au même point qui est la Vie. En eux, tout est sentiment et tout est pensée, mais la pensée ne vaut que par l'émotion qu'elle recèle, de sorte que tout est sentiment, tout est Vie.

*
* *

Nous ne devons vouloir que d'être uniquement en elle. Il ne faut consentir à y mêler rien d'étranger, ni sous prétexte de la présenter plus favorablement, ni parce qu'elle tend dans sa puissance à s'assimiler des poids morts. Ce qu'elle anime un moment, plus tard la désséchera. La Tétralogie, qui recourt à des affabulations compliquées, périra avant Tristan, plus uniquement Wagner.

Une œuvre ne vaut qu'en raison de la part de soi qu'on y met, même la plus objective, même un traité de Science. L'observation n'est qu'une création personnelle provoquée.

Ce que nous atteignons d'un coup par le don direct, pourquoi l'aller chercher dans des détours où le danger de se perdre est constant ?

L'Art doit être une confession.

*
* *

Il y vient d'ailleurs lentement. Le romancier et le musicien se peignent par le moyen de fables de plus en plus ténues, le penseur écrit avec son propre sang. A l'unité de composition, se substitue l'unité intérieure, sans rapport avec la première. L'aphorisme succède au développement logique, purement formel. Pensées, poèmes ou mélodies, portraits ou marbres : manifestations diverses d'un seul principe, le moi, exprimant une série d'états d'âme, sans autre lien que l'âme qui les crée...

Fragile encore, et un peu balbutiante, celle-ci ne révèlera toute sa fécondité et sa profondeur que dès l'instant où la volonté qui s'y ajoute s'en sera détournée.

Et l'accord se fera peut-être d'individus à individus, trempant dans la source commune de l'humain.

Henry Dommartin.

LE VOYAGE

GLAS
Y. GILKIN

Frère !
Entends le vent de mer qui, parmi ta voilure,
Murmure,
Murmure ;

Frère !
Il te dit qu'il est temps d'aller où te convie
La vie,
La vie.

Frère !
Mais avant d'embarquer, baptise ton navire :
« Le Rire,
Le Rire »,

Frère !
Et sculpte sur sa proue en traits d'or qui flamboyent,
La Joie,
La Joie !

Frère !
Sur le sommet du mât, hisse ton oriflamme
De flammes,
De flammes,

Frère !
Et donnant pour devise à ta fière jeunesse :
« Sans cesse,
Sans cesse ! »,

Frère !
Va ! Dans le vent qui souffle aux voiles de misaine
Sa peine,
Sa haine.

Frère !
Vogue, vogue ! La voix des syrènes si belles,
T'appelle,
T'appelle.

Frère !
Te voilà donc au large ! Et tu dis, tu dis, ivre :
      « O vivre,
      Et vivre ! »,

      Frère !
Debout sous le soleil, seul, sur la mer immense
      Qui danse,
      Qui danse !

      Frère !
Ton navire, incliné dans la brise marine,
      Câline,
      Féline,

      Frère !
De son étrave fend, sous les paquets d'écume,
      Les brumes,
      Les brumes.

      Frère !
Lorsqu'elle hurlera, réponds à la tempête :
      « C'est fête,
      C'est fête ! »,

      Frère !
Et ton cœur bondissant, qu'il clame dans l'orage :
      « Courage,
      Courage ! ».

      Frère !
Mais si pourtant, Dieu veut qu'un soir sanglant, tu sombres,
      Dans l'ombre,
      Dans l'ombre,

      Frère !
Répète en t'enfonçant dans l'immense suaire :
      « Lumière,
      Lumière ! » —

Raymond Limbosch.

27 octobre 1911.

L'OISELEUR

Icare est un fils grossier. Son erreur fut plus lourde, que celle de la Grenouille. Des aigles, il ne comprit que la faiblesse. Car si je considère qu'ils volent, je m'émerveille ; mais dès que je connais leurs ailes, plus ces oiseaux ne m'étonnent !

Aux nageoires en plumes du Martin, la carpe surprend son secret ; c'est le joint de cette cuirasse, le pli vulnérable du rhinocéros, par là que l'oiseau est dévoilé. — Combien nous exalterait quelqu'hirondelle, naviguant les ailes pas ouvertes, obus en vacances, les ailes croisées comme des mains !

*
* *

Ce sont ici des épithalames, (1) murmurés aux épousailles, des mains avec l'intelligence. Donc, je donnerai sur Icare le pas à l'oiseleur, qui ne fut pas simple pasticheur. Il lui prit, non ce geste dessinant l'oiseau dans les mémoires, ni ne se contenta de lui emprunter ses chants, de lui ravir son regard et sa souplesse gymnastique; — il arracha des oiseaux le mystère de leur vision, et voulut connaître leur système des poids et mesures, comme leurs conventions héréditaires pour la cuisine. L'oiseleur égala les siennes à leurs notions de la perspective, posséda jusqu'au rythme de leur cœur, et se fit une science du processus de leurs gestes.

*
* *

Certes sagace et artificieux, l'homme qui va, en automne, organiser les tenderies. Il ruse avec les oiseaux migrateurs, et les merles et les sansonnets; cependant il n'est pas, comme je le veux, enchanteur des passereaux.

Voici, d'ailleurs, et que j'aime, le candide patriarche des oiseaux. La maison qu'il leur offre, fut bâtie avec cordialité. Elle est tissue de raisons sorties de la tendresse de cet homme. Et telle est la malice de l'enchanteur, que ses hôtes de la pension s'accomodent. — S'il est

---

(1) Extrait des *Métiers Divins*, vol. ill. à paraître prochainement à la Bibliothèque de « l'Occident ».

né oiseleur, sa raison apparaît philosophique ; et où il semble spéculer, vous trouverez son amour.

*
* *

Deux oiseleurs sont musiciens, que je connais.

L'oiseleur met du chant en boîte, et sa conserve n'est pas tant frelatée ! Sont perdus, il est vrai, les médaillons de la campagne, vêtue comme la Pompadour, avec l'arome des rosées ou des sources. Je sais que ni l'alouette, fille de l'étoile du matin, ni davantage le pinson, petit faisan des arbres, ne sont hypocondriaques en cage. Leur mère, aussi bien, n'eut pas pour eux les soins qu'imagine l'oiseleur. Vous jugerez le cas, chez cet homme silencieux.

*
* *

La cabane de l'oiseleur est l'atelier d'une fleuriste ; comme des corolles balancées au vent, les voix jeunes s'y agitent. Cependant, ne menons pas plus loin l'allégorie, au-delà, nous trébucherions dans le parologisme ; car chaque pinson et chaque sansonnet, est aussi grave dans sa mélodie chantée, que s'il tournait à l'horlogerie planétaire. Entendez qu'il n'ignore pas sa mission ! Nulle mimique ne sera tant saturée d'importance, que l'attitude du rossignol dans la révélation de ses stances !

Je peins cet humicolidé, pas avec la piété de Michelet ou la raideur de Brehm, mais menant le pinceau poilu du Chinois : les pattes tendues, les ongles en griffes fermées, le corps secoué d'ire, et les plumes du cou hérissées, annoncent la majesté du cas ; plus haut, le bec s'ouvre en pince de homard, et au milieu, la langue vibre, telle l'aiguille du manomètre. L'œil, directeur de la stratégie, lance de petites flèches de feu. Et pas moins de notes sortent de cet œil, comme d'un trou d'ocarina, que de son bec, où la langue marque la mesure au chant.

*
* *

Dans la cabane, au midi, un couloir blanc ; et au long de ce cloître, en face des fenêtres, sont alignées les cages. Elles sont cirées comme le front des Zélandaises. Un vert

169

champêtre peint le bois, du blanc les barreaux de fer ; —
du sable fin, répandu sur l'aire, absorbe l'humidité des
fientes ; — l'eau dans une burette pure, convaincrait un
malade ; — l'odeur du millet attise le désir de manger.
Du reste, tout oiseleur fut potier à Delft, ou cira les par-
quets d'Amsterdam ! ou fut béguine dans Bruges, propre
comme un cahier blanc.

Et voyez, de l'alouette il faut protéger le crâne :
l'oiseleur cloisonne la cage d'un linge blanc, qui amortit
les élans, vers le ciel, de la captive. Ce velum est imma-
culé comme une cornette de nonne. Sous les pattes de
l'oiseau, un carreau de prairie vert.

Dans la cage-maison du rossignol, il y a des vers de
farine. Dans celle des tarins, du mouron comestible.
Chez les pinsons, des fruits d'aulne. Chez les chardonnerets, du colza et des capitules de chardon.

Parfois, tarins, pinsons et chardonnerets se taisent
dans le cloître. Alors, une bulle d'air, le rossignol, crève
dans l'espace, et vous n'eussiez cru que tant ! de notes
tenaient en cette balle de plumes. Le chant s'épanouit,
et prend la chambre, comme le sang fait l'assaut des
artères, et il perle sur les cages, telle la vapeur aux
chandeliers de la cuisine.

Doutez-vous que l'oiseau soit heureux, chantant dans
sa cage ? S'il ne chante pas de joie, de cela non plus dans
les bois. D'ailleurs, en été il y a peu d'oiseaux près de la
cabane. A ce moment, elle est comme un arbre crû très
haut, et qui a élevé ses fleurs sonores dans les bleus.
Chaque jour, l'oiseleur reconnaît ces corolles aux
branches, et aucune ne l'abandonne.

*
* *

Jeanne prend de l'humeur, quand je prône l'oiseleur.
Il est un paysan cruel et vénal, dis-tu. Or, ni vous, ni
toi, connaissez cet homme. Car, il ne suffit de s'avancer
au cœur de la forêt, d'y fouiller l'oasis et la clairière ;
nous ne sommes pas initiés, et l'oiseleur se dérobe.

Un accident, (l'odeur perçue du tabac, celle de la
glue bouillante), nous le dénonce, près d'une sente

familière ; ainsi l'on reconnaît, trouvant trois plumes
arrachées, un lacet mal dissimulé, la trace du braconnier,
au flanc de la montagne.

Gravez bien dans le miroir de vos yeux, la topographie
minutieuse des parages. Observez que l'herbe est usée
entre le septième et le suivant conifère ; — qu'il faut
tourner à dextre, rampant avec astuce par les églantiers,
qui plient sous les toiles d'araignées. — Après, vous irez
à sénestre : à l'instant, au parfum des résines se mêlera
celui du café. Maintenant, ces parfums, musiques pour
l'odorat, s'émaillent de gazouillements. Enfin, marchez
droit au ponant ; les lieds grossissent, et devant vous, la
cabane blanche se lève comme la lune.

L'oiseleur, je l'assure, ne peut vous bousculer ; mais
c'est un homme qui jamais ne parle. Autour de lui les
oiseaux piaillent, qui libre sur la branche, qui dans une
cage. Car, l'un avec l'autre vivent en bonne intelligence.
Il semble que les sauvages demandent une cage ; sur le
parvis de la cabane, ils chantent et mangent. Mais
l'oiseleur choisit les sujets, reconnaît ceux-ci à la déhis-
cence du nid, et attend que l'heure soit venue de les saisir.

*
* *

Le silencieux cueille l'oiseau comme un fruit mûr.
Aussi lui faut-il peu d'outils, une gaule, une boîte de
glue pour les timides. Il agit avec tant d'harmonie, que
l'on croit à sa magie. Sa méthode est l'aménité. Il charme
leur esthétique, non leurs vices : lors, plus de hibou
harcelé dans cet office. S'il consent aux gluaux, c'est, en
vérité, que l'oiseleur ne peut causer avec les étourneaux.

L'homme et les oiseaux s'écoutent chanter, l'ailé est
en haut, l'endenté est en bas, — ils chantent... Or, la
musique n'est pas la didactique !

L'oiseleur et François parlent aux colombes, mais ni
l'homme, ni le saint avec eux ne causent...

Jean de Bosschère.

Uccle, juin 1911.

AU SOLEIL

Pour Malie et Georges Scalup.

Je suis assis près d'un églantier au soleil,
Un mur ombrage à mes côtés l'herbe onduleuse,
Un autre mur très vieux qui se chauffe au soleil
Cache plus loin sa vétusté délicieuse
Sous les sureaux qui sont blancs de fleurs au soleil.

Des moucherons rôdent dans l'air teinté d'or clair,
Mes yeux mi-clos contemplent un ciel qui se rose ;
Je les rouvre et je ris ma joie vers le ciel clair,
Je savoure le vent qui a le goût des roses
Et regarde osciller de fins iris d'or clair.

Une guêpe dans la lumière épanouie
S'abime dans le cœur du premier lys fleuri,
Le vent coule des senteurs plus épanouies,
Je me retourne, une hirondelle lance un cri,
Des roses sont derrière moi épanouies.

LÉON VÉRANE.

L'Opérette française

J'ai fait l'autre soir un pèlerinage ; si vous m'en croyez, je suis allé revoir « la Fille de Madame Angot ». Beaucoup souriront ; n'est-ce pas, c'est une bien vieille personne que cette fille délurée d'une poissarde ; elle n'est plus de notre temps. Nos élégants et nos snobinettes qui adorent les amours tziganes et les valses langoureuses apportées d'outre-mer ou d'outre-Rhin ne peuvent plus goûter depuis longtemps de cette bonne nourriture de l'esprit français ; non plus, la Rosette des « Cloches de Corneville » avec son bonnet tuyauté et ses cotillons courts ne les intéressent. Et ainsi se meurt davantage chaque jour un des genres les plus gais, les plus étincelants, les plus français qui soit : l'opérette. Français, j'ose le dire ; en réentendant la musique de Lecoq, tout ce qu'il y a de légèreté nuancée et séduisante et de coquetterie bon enfant chez nous, chantait à mes oreilles. Musique simple, sans effets qui se heurtent et qui se cherchent, musique qui dit tout bonnement ce qu'elle veut dire, qui vous déride, vous amuse franchement, vous met le rire à l'âme et si fine pourtant que, par instant, une phrase vous glisse une pointe d'émotion qui vous met aux yeux un brouillard délicieux sans empêcher en rien le sourire que vous avez sur la bouche. Seulement, son grand tort, c'est qu'elle a amusé nos pères et nos grand'mères et cela ne se pardonne guère. Nous sommes des fils irrespectueux, nous voulons nous aussi imposer notre mode, mais comme nous n'avons pas le génie d'invention, nous allons la chercher un peu partout, à Londres, à New-York ou à Vienne. Et alors quelles admirations suscitent les maigres jambes des « dancing girls » ou les torses corsetés des rouges tziganes qui depuis l'orchestre jusqu'au poulailler vous enroulent dans les arabesques amoureuses d'une quelconque valse des bords du Danube.

Je causais dernièrement avec l'un des jeunes directeurs d'une scène d'opérettes et m'étonnais grandement de la crise d'un art qui eut ses grands noms, les Offenbach, les Planquette, les Hervé, les Lecoq, voire même les Missa et qui maintenant est tombé dans la Revue de Fin d'Année, avec visions suggestives et films sensationnels. Est-ce là tout ce qu'il nous reste de l'opérette française ? Oui, ou à peu près malgré le talent d'un Terrasse, mais combien est-il loin des autres. Et pourtant me disait mon Directeur, comme il y a à faire. Sans cesse nous servons à notre public les mêmes antiques opérettes et il mord toujours dedans à pleines dents, tant la chair en est encore savoureuse. Quelle fortune à faire pour celui qui « retaperait » le genre ; car il se meurt, c'est évident, nous n'avons plus rien dans nos tiroirs.

Mais alors, est-ce à dire que l'esprit français est à ce point en faillite auprès des siens, qu'ils sont obligés d'aller chercher ailleurs ? Non ; si nous sommes envahis par une musique cosmopolite de tables d'hôte et de transatlantique, la faute en est à une certaine catégorie de rastaquouères, de snobs, de petits messieurs aux lèvres rasées et aux chapeaux ridicules qui donnent le ton, et quel ton ? Et le bourgeois français — pardon ! parisien — qui est le plus gobeur que je connaisse, se nourrit chaque jour de sauces allemandes, anglaises, viennoises qu'il digère mal, mais qu'il digère parce que c'est la mode. Les opérettes étrangères font prime sur le marché français. Qui fera cesser ce scandaleux agiotage ? Je ne veux point médire du talent des Lehar, des Strauss, des Valverde ; ils en ont, ils en ont même peut-être beaucoup dans leur pays, si tant est que ce talent — et en cela il se distingue du génie qui, lui, est de tous les temps et de tous les pays — se ressent de la manière d'être, des habitudes, des coutumes et du goût momentané d'un peuple ; mais chez nous, malgré une vogue passagère ils détonnent. Pendant un temps il fut de mode de se pâmer devant les innommables cacophonies de Souza ; on allait même jusqu'à les danser et j'ai vu combien de couples, hystériques du moment, s'agiter frénétiquement aux discordances de Washington-Post. Vous savez sans doute aussi bien que moi que tous ces airs transatlantiques ont été inspirés par des mélopées nègres dont les Américains, peuple jeune et audacieux, se déclarèrent ravis. Dans les deux Amériques on aime « épater les gens », en France on adore « se laisser épater ».

A l'heure où j'écris, une foule enthousiaste sans savoir pourquoi applaudit « le Soldat de Chocolat ». — C'est le dernier cri du bon ton. Il est trèscertain que M. Planchois, bourgeois cossu, qui a fait fortune dans les bonnets et les caleçons, a besoin de connaître autre chose que « les Cloches de Corneville » ou « Giroflée-Girofla ». La pensée qui est restée longtemps enfermée entre des rayons bondés de cotonnades et de toiles écrues, a besoin d'air ; M. Planchois qui n'est pas plus musicien que vous ou moi, s'est laissé dire par des amis de sa femme que la pièce de Strauss était emportée d'assaut, trop petit l'Apollo pour contenir tant d'adorateurs. M. Planchois veut être de ces adorateurs et depuis qu'on lui a dit, il meurt de ne pas en avoir été plus tôt. Et combien d'autres, poussés comme le troupeau bêlant de Panurge, s'en vont où une réclame habilement faite, préparée, insinuante, sait les persuader.

Et pendant ce temps, l'opérette française bat de l'aile — c'est la faillite de notre esprit, car enfin, le français qui passe à juste titre à l'étranger pour l'être spirituel par excellence ne peut-il plus rénover un genre qui ne vivait que d'esprit ? Dites à cela « il ne veut plus » parce que la France manque actuellement d'originalité, de personnalité, j'entends l'élite française. Nous avons pillé aussi bien les littératures étrangères que les opérettes viennoises et autres. Il ne faut pas qu'un art, qu'une pensée vivent en eux, mêmes et pour eux-mêmes, il faut qu'ils accordent quelque regard sur ce qui se passe au dehors : la pensée comme la vie est une matière précieuse et universelle et elle vaut d'être saisie dans toutes ses manifestations. Mais que direz-vous de ces enjouements qui vont jusqu'à substituer des arts, des pensées étrangères à notre façon de voir, de sentir et de penser et qui les imposent : c'est l'invasion des barbares — au sens littéral du mot. —

L'opérette qui connut vers la fin du second Empire un épanouissement complet, une originalité entière, fut des premières atteinte.

Faut-il espérer qu'elle s'en relèvera ? Le moment est choisi et curieux. Partout l'on parle d'une renaissance nationale, rien ne tressaille donc chez les Planquette ou les Lecoq futurs ? A cela je songeais, en écoutant cette immortelle musique de « Madame Angot » si fine, si chantante, populaire parce que sans atours et aristocratique par sa grâce et sa joliesse.

... Chantaient, chantaient les voix des Pierrots et des Pierrettes poudrés de blanc dans le décor original du bal de nuit, les coquets sabots et les mains frappaient en cadence, et là dessus courait légère, sautillante, amoureuse et bien française la phrase simple et riche en couleurs de ce triomphateur de l'opérette : Lecoq.

Alexandre Chignac.

LE POÈTE

Dans cette chambre aux carreaux verts,
Il tournait et fumait sa pipe,
Lorsque, par un jour blanc d'hiver,
— Sans tabac ; hélas ! dans sa pipe —
Il écrivit ses premiers vers.

Tombait la neige. La lumière
S'éteignait dans un vieux miroir.
Mais il sentait, à sa manière,
Sombre et mauvais, le désespoir
Gonfler de larmes sa paupière.

Il pleura quand il eût écrit,
Et la langueur de la province
Dérègla cet étrange esprit,
Et, d'un petit cœur de province,
Fit un pauvre cœur incompris.

Depuis lors, dans la chambre grise,
L'étroite chambre aux carreaux verts,
Il s'émeut, s'éprend et se grise
De la musique de ses vers
Que son coiffeur boîteux méprise.

Francis Carco.

CHANT D'OUBLI

Il faudra bien que ma pauvre âme oublie !
Les violons pleuraient, j'ai frissonné :
Mais une voix emplit la salle fraîche,
Le piano plaque de longs accords...
Voix qui vibrez, romances d'Italie,
Calmerez-vous mon cœur passionné ?
Le ciel flamboie, et sur la route sèche
Les chars de blé résonnent au dehors.

Madge a chanté, — Madge, ma grande amie :
Dans ses cheveux luit un bandeau de Tyr ;
Elle a des yeux troublants, profonds et larges :
Ses chants d'amour, qui semblent des sanglots,
Ont fait frémir ma douleur endormie ;
Mon front se brise, et j'entends retentir
Les chars qui vont, affaissés sous leurs charges,
Au grand soleil, avec de durs cahots.

La voix s'est tue, et je dis un poème
D'un rêveur triste à qui je suis pareil :
L'amour d'un homme à qui des mains félines
Tordaient le cœur ; mais le soleil a lui,
Et le pauvre homme a senti son cœur blême
Se consoler, à l'heure où le soleil
Chantait la vie au-dessus des collines :
Hélas, serai-je apaisé comme lui ?

Madge sourit et m'appelle auprès d'elle,
Madge, étendue au fond d'un grand fauteuil.
Ses yeux, dans l'ombre, ont un point d'or immense,
Les violons palpitent sous l'archet ;
Des martinets passent à tire d'aile,
Le bruit des chars vient mourir sur le seuil ;
J'ai tressailli sous les vers de démence,
Et Madge a dit que ma voix la touchait.

MAXIME DOUÉ.

1912.

APRÈS L'HIVER

Après ce long hiver, pour la première fois
Vous étiez revenue, et j'ai bu votre voix
Comme un poison qui grise et brûle, et qui pénètre
Le cœur. — Et puis le soir, tout seul à ma fenêtre
Dont les barreaux de fer meurtrissaient mes genoux,
J'ai veillé jusqu'à l'aube et j'ai rêvé de vous.

— Molle et chaude, la nuit défaillait sur la rue ;
Parfois quelqu'un glissait comme une ombre apparue
Qui s'évanouissait ; sous mes yeux un hôtel
Dormait, sombre, fermé de volets noirs, et tel
Qu'un énorme tombeau jaloux de ses cadavres.
Nuit sourde, sans écho, sans lueur, nuit qui navres,
Ah, comme ta main lourde écrasait les dormeurs !
Je sentais sourdre en moi des peines, des rumeurs.

— J'ai tant souffert ! les soirs où tout l'être chancelle,
J'ai déchiré mon âme au son du violoncelle,
Auprès de quelque amie insoucieuse ; — et puis
Tout ce passé paraît noir comme l'eau d'un puits
Que jamais le soleil fier et vivant ne touche :

— Alors j'ai cru sentir dans l'air noir votre bouche ;
Ah, rêve, heure de fièvre, hélas ! Si je pouvais,
Oubliant sous vos yeux mes vieux rêves mauvais,
Connaître la fraîcheur de vos mains sur ma tête !
Oh, voyez-vous, quel fou d'amoureux qu'un poète !
Voilà ce qui pleurait en moi jusqu'au matin ;
Un rayon colorait les toits bleus au lointain,
Et je rêvais de vous, tandis que mes yeux vagues
Voyaient confusément l'aube monter en vagues.

Maxime Doué.

Juillet 1916.

LE MAÎTRE AMOUR

PIÈCE EN QUATRE ACTES, DE GEORGES RENS

PERSONNAGES :

Jean VAINGRET
Willie SHELTON
Harry BRIDE
Le Docteur BLANGE
Le Docteur DESTINA
Monsieur VAINGRET
Deux pensionnaires
Un automobiliste
Un infirmier
Un portier
Un jeune paysan

Madame VAINGRET
Lucie DUPRÉ
Miss ETHEL
ANNE-MARIE
Une visiteuse
Deux jeunes filles
La servante

DE NOS JOURS

QUATRIÈME ACTE

———

Décor du premier acte.

Au lever du rideau, les époux Vaingret sont en scène ; Madame achève de tirer la tenture devant la porte du fond et Monsieur allume un cigare.

SCÈNE I

Monsieur et Madame Vaingret

Monsieur. — Ça n'a aucune espèce d'importance. Est-ce que nous y avons touché ? Non... Eh bien, alors...

Madame. — Non, mais Monsieur Shelton avait bien recommandé de maintenir la terre humide, de mouiller les linges.... On ne l'a pas bien fait, et voilà : la terre s'est desséchée, il y a des fissures...

Monsieur. — Je ne suis pas gâcheur de terre, moi, ni maçon, ni modeleur ! Ta, ta, ta ! Ce n'est pas un malheur ! Il comprendra qu'il faut en finir avec ces petits jeux, ne pas perdre son temps à fabriquer des choses qui...... qui ne tiennent pas debout !

Madame. — Tu m'as promis de ne pas le brusquer, à cause de sa santé...

Monsieur. — Sa santé ! Allons donc ! Je ne donne pas dans ce panneau-là ! Jean est fort comme un chêne !

Madame. — L'avis des médecins...

Monsieur. — Evidemment, les médecins ! Il leur faut des malades pour bien se porter ! Je bisque... ! J'en ai assez, j'en ai trop ! J'ai été jeune aussi, mais je n'avais pas cette maladie-là, moi ! Ça ne m'a pas empêché de faire mon chemin, au contraire ! Il faut une fin ! Dans mes vieux jours, j'ai bien gagné de vivre en paix !

Madame. — Tu m'as promis de fermer les yeux momentanément, de faire bonne mine... Ainsi, mon neveu trouvera tout pour le mieux dans la famille...

Monsieur. — Ah, ce neveu ! Si son arrivée n'était pas instante, jamais je n'admettrais que...

Madame. — Ne revenons pas là-dessus.

Monsieur. — Je bisque, je bisque !... Soit, soit. Mais si nous avions attendu sa rentrée, nous aurions fait du petit garçon ce que nous aurions voulu... Tandis que maintenant, que va-t-il se figurer ? Que nous calons ? . Ah, mais ! Ce qui est différé... Dire qu'il va falloir ronger son frein ! Et pendant des mois ! Espérons que ton Yankee aura le mal du pays...

Madame. — Cache ton jeu, surtout !

Monsieur. — Veux-tu dire qu'il faille baisser pavillon ?

Madame. — Ce qu'il faut, c'est que, pendant le séjour du neveu, notre foyer respire l'union, la concorde... Je ne cesse de te le répéter. N'oublions pas que mon frère, malgré tout, était un cœur excellent, d'une générosité extrême... Il a voulu que son fils vienne faire notre connaissance, évidemment pour voir si nous méritons qu'il s'intéresse à nous... M. Willie a fort bien compris...

Monsieur. — Te voilà entichée de l'autre Peau-Rouge, maintenant ! Et jusqu'il y a huit jours, tu ne lui avais même jamais adressé la parole !...

Madame. — N'est-ce pas lui qui m'a mise sur la piste de Jean et qui nous l'a ramené hier soir ?

Monsieur. — Joli service qu'il nous a rendu !

Madame. — Mais, sans cela, quelle était notre situation ? Voyons, toi-même, tu t'en mordais les pouces... Ce soir, ce soir même, demain au plus tard, le neveu débarquera, et Jean sera près de nous... Voilà ce qui importe. Le temps manque pour obtenir qu'il se transforme à ton gré. D'ailleurs, il ne comprend pas ses intérêts... Eh bien, nous mettons un décor, un semblant. Voilà tout... Monsieur Jean Vaingret, avocat, de qui le nom est gravé sur cuivre à la porte, se délasse de ses travaux en faisant de la sculpture... Au bout du jardin, il a son petit atelier... On peut être amateur... pas mal de gens très bien peignent ou sculptent, à leurs moments perdus... C'est une chose admise, quand on a des loisirs... Ainsi tout s'arrange. Gardons-nous de tout gâter par maladresse... Quel air aurions-nous vis-à-vis du neveu, s'il découvrait que...

Monsieur. — Et tu as confié tout cela à ce galopin de Willie ?... Il est Américain, comme l'autre ; s'il allait lui dire ?... M. Bride, lui, t'avait pourtant conseillé de ne pas ébruiter cette affaire. Bon conseil, car si elle aboutissait à zéro...

Madame. — Je n'en ai parlé qu'à ces deux personnes, avant-hier seulement, et en peu de mots. J'ai confiance en Willie. Il a beaucoup d'amitié pour Jean ; je l'ai vu pleurer en parlant de lui.

Monsieur. — Pauvre petit !

Madame. — D'ailleurs, ces étrangers vont quitter l'Europe ; donc...

Monsieur. — Ah, ton sacré neveu ! C'est bien pour lui que je mets de l'eau dans mon vin !... Et puis, j'ai mon idée...

Madame. — Quoi donc ?

Monsieur. — Attendons, il faut voir... Nous ne le connaissons pas, notre hôte..

Madame (*inquiète*). — Je voudrais pourtant savoir...

Monsieur. — Rien... mais je me dis que souvent, lorsqu'ils débarquent en Europe, ces jeunes gens se libèrent de leur *cant*. C'est la revanche du naturel : ils s'amusent ici pour ce qu'ils s'ennuient là-bas...

Madame. — Tu supposes que mon neveu vient avec des idées pareilles ?

Monsieur. — Pourquoi pas? Serait-il le premier qui, en voyage...

Madame. — Evidemment : vous êtes tous les mêmes !

Monsieur. — Dame, c'est jeune...

Madame. — Admettons ; mais je ne vois pas...

Monsieur. — Moi, j'entrevois... S'il a le sang de feu ton frère, il ne déteste pas l'aventure, le plaisir ; il lui faudra un second, un camarade...

Madame. — Un complice !

Monsieur. — Eh bien, notre Jean est là !

Madame. — Oh !

Monsieur. — Quoi, « oh ! » Ce serait de son âge que diable ! Jusqu'à présent, il a été d'une modération, avouons-le, excessive... Ce n'est pas une raison pour qu'il ne se change pas s'il a un compagnon moins calme... Le diable m'emporte ! A vingt-cinq ans !

Madame. — Soit. Et puis, après ?

Monsieur. — Tu ne comprends donc pas que ça le détournerait de l'art !

Madame (*pensive*). — Ah... — Mais son mariage ?..

Monsieur. — Ça, ce serait pour la fin. Est-ce qu'on ne voit pas cela tous les jours ?... Et dans le meilleur monde ?..

Madame. — Mais encore... (*Lucie Dupré vient de droite, apportant des fleurs*)

SCÈNE II

Les mêmes ; Lucie Dupré

Monsieur Vaingret. — Ah, ah, voici la jeunesse en fleurs ! A-t-on son plus joli sourire, pour fêter son meilleur ami ?..

Madame Vaingret. — Mais non, elle a l'air tout chose... Qu'as-tu, mon enfant ?

Lucie Dupré. — Par-dessus les haies, je viens de voir ce M. Willie ; il arrive de ce côté...

Monsieur Vaingret. — On ne le verra plus longtemps ici, celui-là... Ce sont de telles fréquentations qui montent la tête...

Madame. — Mais à quoi bon le dire ?... N'oublions pas que M. Willie est un compatriote de celui que nous attendons : on ne sait jamais, ils peuvent se rencontrer... se connaître...

Monsieur. — Tu arranges ça, toi, comme dans un roman ! D'ailleurs, nous pouvons l'écarter, ton Willie...

Lucie. — Savez-vous qui était avec lui ?

Monsieur. — Tiens ! Son inséparable, son ombre, M. Bride !

Lucie. — Non. Une femme...

Madame. — Ah ! Laquelle ?

Lucie. — Je n'ai pu la reconnaître, à cause des arbres...

Madame. — Encore l'un ou l'autre modèle...

Monsieur. — Cette Anne-Marie, sans doute... Oui, je vois ce que c'est : toute la petite existence de naguère se reconstitue ! Ah, mais non, non, ça changera...

Madame. — Oui, mais patience... (*Entrée de Willie, par la droite*)

SCÈNE III

Les mêmes ; Willie

WILLIE (*contrarié*). — Pardon, monsieur, madame, mademoiselle... Jean n'est pas encore venu.. ?

MADAME (*assez aimable*). — Il s'habille... Je vais lui faire dire que
vous êtes là... (*Elle fait un signe de départie à la jeune fille, qui dépose ses
fleurs, puis à son mari, qui ne bouge pas ; elle se décide à sortir par la
gauche suivie, de Lucie*).

SCÈNE IV

Monsieur Vaingret et Willie

VAINGRET. — Vous avez bien fait de ne pas introduire ici la personne qui était avec vous tout-à-l'heure ; la fréquentation des
modèles n'est pas du goût de tout le monde...

WILLIE. — Chut ! J'ai fait entrer cette personne là, par le
jardin... (*Il montre l'atelier du fond*).

VAINGRET. — Ah... (*feignant l'indifférence*). Elles sont jolies, ces
femmes qui posent... Mais quelles mœurs !...

WILLIE. — N'en dites pas de mal. Ceux qui les méprisent ont
tort... Pour moi, il n'existe pas de femmes méprisables — parce que
je suis Canadien.

VAINGRET. — Quel rapport voyez-vous ..?

WILLIE (*à mi-voix*). — Il y a quelques siècles, pour peupler le
Canada, Louis XIV y envoya des filles publiques. Elles ne tardèrent
pas d'y trouver des maris. Ce sont les aïeules de la plupart des
Canadiens d'aujourd'hui...

VAINGRET. — Evidemment ! En Amérique, il n'y a que de
l'extraordinaire ! Et vous êtes bien Américain, vous ! De la tête aux
pieds ! Nous verrons si notre neveu l'est également. C'est le fils du
frère aîné de ma femme, qui est mort là-bas...

Willie. — Je sais... On m'a dit quelques mots de cette histoire...

Vaingret. — Un aventurier ! Il y a peut-être une goutte de ce mauvais sang dans les veines de notre Jean .. (*De peur d'avoir été imprudent*) Bah, la mort efface tout, et on ne peut en vouloir à la descendance... L'*Armoric* est arrivé à Londres. Notre hôte ne tardera donc plus à se montrer... A moins que, par une de ces fantaisies chères aux Yankees, il ne s'attarde... Paris les attire, n'est-ce pas ?...

Willie. — Souvent...

Vaingret. — Ils n'ont pas horreur du plaisir et, loin de chez eux, ils lâchent la bride...

Willie. — Parfois ..

Vaingret. — Au fond, moi, ça m'est bien égal. Figurez-vous qu'un pli, contenant la photographie de feu son père et la sienne, doit nous annoncer sa venue... Un original, dirait-on ?

Willie. — Il faut pourtant que vous puissiez le reconnaître, à son arrivée...

Vaingret. — Oui... mais cette idée de passer plusieurs mois dans notre compagnie, afin de voir quelles gens nous sommes, c'est bien américain aussi, cela !

Willie. — On m'a dit que c'était une condition que son père avait imposée ?

Vaingret. — Drôles de corps, tout de même... Mais savez-vous ce qui me stupéfie, Monsieur Willie ?

Willie. — Quoi donc ?

Vaingret. — C'est de ne pas avoir M. Bride planté à votre côté !

Willie. — Voilà encore une précaution américaine : quand mon père, trop vieux pour me suivre, décida de me faire connaître l'Europe, il me confia à son vieux et fidèle camarade Harry Bride, de Londres .. Ils ont fait leurs affaires ensemble, autrefois. .

Vaingret. — Bon, bon, mais lorsqu'on ne connaît pas la règle du jeu. . (*Il va pour sortir, puis se retourne*) A propos ? Je ne crois pas nécessaire de vous dire, ainsi qu'aux autres, que, pendant le séjour de notre parent... il ne faut pas... vous comprenez,... nous tenons à à rester en famille...

WILLIE. — C'est trop juste, monsieur. En ce qui me concerne, soyez tranquille : je m'embarque ce soir, ou demain...

VAINGRET. — Ah ? Eh bien, bon voyage !

(Vaingret sort par la gauche. Willie l'accompagne jusqu'à la porte, regarde dehors.)

WILLIE. — Elle est heureuse, lui heureux, puis-je me plaindre ?... (*Il va au fond et écarte le rideau. Miss Ethel paraît.*)

SCÈNE V

Willie et Miss Ethel

MISS ETHEL (*sans quitter la porte du fond*). — Eh bien, Willie ?

WILLIE. — Il va venir...

MISS ETHEL — Qu'allez-vous faire ?

WILLIE. — Il lui faut une surprise, une heureuse surprise... Miss Ethel, je vais partir... Demain, ce soir même, peut-être... (*Entendant du bruit il entr'ouvre la porte de gauche*) Rentrez, le voici... Un instant, un mot... Dites, dites, l'aimez-vous ?...

MISS ETHEL (*soulevant le rideau*). — Oui, je l'aime !

WILLIE. — Le voici ! (*Elle rentre dans l'atelier. Jean vient de gauche, agité*).

SCÈNE VI

Jean et Willie

JEAN (*les mains tendues*). — Mon cher, toi seul m'es cher On t'a trompé par des promesses, des mensonges... Tu t'es laissé émouvoir par des larmes... Et je t'ai suivi... Mais leurs masques cachent mal leur hostilité. C'est l'enfer ! J'y suis retombé !

WILLIE. — Mais... Je n'ai rien vu de cela... Ne t'imagine pas...

JEAN. — Tout s'explique ! Ce cousin riche, cet inconnu, qui doit surgir tout à l'heure, voilà ce qui les fascine ! C'est pour lui qu'ils font trève... Ils ont ajusté de lui offrir un spectacle de bonne entente, d'affection, de paix — et ils veulent composer ce groupe familial à coups d'hypocrisies! Tu sais les calculs qu'il y a là-dessous ! Voici l'argent, maintenant, qui me barre la route ! Ah, tout mon dégoût me remonte aux lèvres ! Derrière ce faux décor, il y a un piège.. Tiens, ces fleurs : vois-tu, ça recommence ! Les chaînes brisées se ressoudent : elles me reprennent au moment où je retrouvais un peu de force ! Non, non, jamais, jamais ! Je n'ai plus rien de commun avec ces gens ! On veut que j'aille contre moi-même ! Non et non ! Rester ici, lutter, à quoi bon ? Non, partir, partir. . Tu t'en vas, toi que j'aime ! Je serai seul au monde ! Que faire, où aller ? (*Il tombe assis*) Ah, cette fois, vois-tu, Willie...

Willie. — Et le travail ? Et ton art ?

Jean. — Il m'a soutenu quand j'avais de l'orgueil, de l'enthousiasme... Cette ferveur m'abandonne...

Willie. — Tu te mens, Jean ! *Cheer up !*

Jean. — Oui, j'avais repris courage ; avec toi, je me disais que la Beauté, l'Idéal, c'est l'oubli de la douleur. . Hélas, il m'a suffi de remettre les pieds ici... Je suis perdu...

Willie. — Non, Jean, tu es sauvé ! Tu viens de prononcer quelques mots où je retrouve l'accent de ta victoire ! La cure s'est faite, la crise est passée, tu te réveilles, n'est-ce pas ? Et je puis partir tranquille, sans chagrin...

Jean. — Oui, hélas, tu t'en vas...

Willie. — Je te fais mes adieux.

Jean. — Voilà aussi ce que je voulais éviter...

Willie. — Jean, nous sommes de bons amis...

Jean. — Certes, Willie, et c'est ce qui fait si pénible notre séparation... Un temps inoubliable, nous avons été non seulement camarades d'atelier, mais amis, grands amis !

Willie (*l'embrassant*). — Oui, grands amis ! Malgré l'amour de mon vieux père, malgré l'attirance de mon pays natal, j'ai le cœur gros... Maintes fois, je repenserai à ce temps-ci. . Adieu, Jean, l'heure est venue...

Jean (*lui tenant les mains*). — L'heure tant redoutée !

Willie. — Nous nous reverrons, je te le promets !

388

Jean. — Hélas, toi aussi, tu emportes une déception, une dure déception...

Willie (*feignant de ne pas comprendre*). — Comment... une déception ?

Jean. — Ah, je connais assez ton âme, sœur de la mienne, pour savoir que tu souffres de rentrer chez toi sans t'arrêter quelques jours à Londres... Mais tu fais effort sur toi-même, pour ne pas ajouter au tourment du départ... Si, si, tu sacrifies ta peine à la tranquillité de ceux que tu quittes...

Willie (*se dominant*). — N'exagérons rien, mon cher... C'est la destinée, cela. Et puis, il n'y avait rien de définitif entre miss Ethel et moi... Rappelle-toi ce que je t'ai dit du « droit de choisir » qu'ont les jeunes filles de là-bas. J'ai, assez étourdiment, grossi les choses... Quelques semaines d'éloignement ont défait ce qu'avaient fait quelques semaines de rapprochement... Voilà tout.

Jean. — Elle ne t'aimait donc pas ?

Willie. — Non.

Jean. — Mais toi...

Willie (*avec effort*). — Moi ? Moi non plus .. Ce n'était pas cela... L'amour ? Bah ! L'amitié vaut mieux !

Jean. — L'amour est plus beau ! Et qui plus qu'elle est digne d'être aimée ?... Tu l'aimes !

Willie. — J'avais cru ; mais non.. L'imprévu de la rencontre, le charme du tête à tête ont pu me donner un moment d'illusion... Oui, illusion ! Je ne puis me mettre en travers du bonheur des autres, obtenir de cette femme, peut-être, un consentement résigné, alors qu'elle a droit à tout son bonheur...

Jean. — Quel bonheur ?

Willie. — Je ne sais pas, moi... Un autre amour .. Je serai tout consolé de lui voir un compagnon digne d'elle...

Jean. — Et si elle ne l'obtenait pas, ce bonheur ?

Willie. — Elle l'aura, j'en suis sûr. Un homme sera heureux près d'elle...

Jean. — Un homme ! Quel homme ? Un autre, que tu ne connais pas, qu'elle ne connaît pas non plus, n'importe qui !... Décidément, mon cher, je vois maintenant que tu ne l'aimais pas ! Et cela me fait du bien... pour toi...

Willie. — N'est-ce pas ? Tu n'en doutes plus !

Jean. — Si tu l'aimais, tu préférerais mourir à t'effacer devant n'importe qui...

Willie. — N'importe qui ? Oh, elle saura choisir... Bah ! N'y pensons plus, c'est un petit accident. Allons, quitte cet air assombri ; tu vois bien que j'ai déjà oublié ce mécompte .. D'ailleurs, il y a huit jours que je sais à quoi m'en tenir... Je m'en retourne, mais je n'emporte pas de peine inconsolable. Au contraire, je me sens rasséréné, parce que tu es mieux, prêt à la lutte, de nouveau, je te vois retournant au travail...

Jean. — Oui, je te le promets, Willie : je ferai un effort encore, le dernier. Mais pas ici, c'est impossible !

Willie. — Comment ?

Jean. — Toi parti, je quitte cette maison.

Willie. — Où iras-tu ?

Jean. — Ailleurs ! L'aisance amollit. Je travaillerai, et les privations me seront légères, quand je serai libre, vraiment libre, enfin ! Je lutterai pour mon art, pour ma foi, et pour mon pain : tant d'autres le font !

Willie. — Lutter, c'est vivre. Voilà de bonnes paroles ! Mon cher Jean ! Je puis partir heureux ! Adieu ! Au revoir ! (*Ils s'embrassent*) Bride te donnera mon adresse... (*En larmes*) Je suis heureux ! Je suis vraiment heureux !... Comme tu vas être heureux, toi aussi ! Ton idéal est toujours en toi : il t'illumine ! Avec de l'amour, avec de la douleur, tu l'as édifié... Oui, cet être que tu t'es créé, que tu aimes, que tu veux tien, il doit se dresser dans la réalité... Une voix t'appelle ! Tu retournes à ton idéal ! Voilà ton bonheur ! Pauvre cher ami, tu as souffert ! Tant mieux : quand on a pris l'accord sur la souffrance, on fait mieux sonner les timbres du cœur ! Tu as failli mourir d'un grand amour ! Eh bien, il faut en vivre ! (*Bride entre par le fond*) Au revoir, mon ami ! (*Il donne la dernière accolade à Jean*) Au revoir, Harry : tout est bien ! Je pars heureux ! (*A Jean, en lui montrant l'atelier du fond*) Là est ton rêve, là est ton réveil à la vie, ton bonheur d'art et d'amour ! Au revoir ! A tous, au revoir ! (*Il se jette dehors par le fond.*)

SCÈNE VII

Jean Vaingret ; Bride ; puis Miss Ethel

JEAN. — Willie ! Willie !...

BRIDE. — Laissez-le partir, Jean... Son cœur est fier, son cœur est heureux, parce que le vôtre est plein d'espoir ! Travaillez, mon ami, l'Idéal vainc la douleur : contre ce bouclier d'or, elle s'acharne vainement... A l'œuvre, et que la Beauté vous accueille avec douceur...

JEAN (*mettant sa main dans celle de Bride*). — Oui ! Ces hostilités m'avaient affolé. J'ai été prêt à leur sacrifier mon art et ma vie ! Mais où il y a plaie, il y aura cicatrice. Je suis debout, lucide, résolu ! Je me vois seul, à présent, devant ma destinée, et je ne veux pas être écrasé !... J'ai compris qu'il faut savoir passer par-dessus tout, même par-dessus des rêves adorés, s'ils font obstacle... Oui, oui, j'ai en vous des amis précieux... Vous me quittez, mais je vous dois tout ! Sans vous je ne serais plus .. Oui, la crise est passée ! Je suis fort pour de nouvelles luttes, ici ou ailleurs, plutôt ailleurs !... Adieu, Willie ! Adieu, Ethel ! Et adieu, Harry Bride ! Soyez heureux ! Soyez tranquilles ! Jean Vaingret s'est dressé... Toutes ses chaînes, maintenant, sont brisées !

BRIDE. — A la bonne heure ! (*Il lui serre les mains*) Seulement, je ne pars plus ..

JEAN. — Comment...?

BRIDE. — Oui, je reste..

JEAN. — Vous restez...?

BRIDE. — L'Europe me plaît. Elle plaît surtout à ma fille... Alors, nous quittons l'Angleterre... Et ainsi, nous pourrons rester vos amis... (*Il soulève le rideau de devant la porte et miss Ethel apparaît*.

JEAN (*troublé*). — Vous ! Vous, miss Ethel...

ETHEL (*radieuse*). — Jean ! Monsieur Jean... (*Elle lui tend la main*).

JEAN. — Vous ! Je vous revois ! Une telle surprise...! (*Il lui prend la main*).

BRIDE. — Je savais bien que ça vous ferait plaisir à tous deux ! (*A part*) Leurs cœurs feront le reste...

JEAN. — Mes amis, mes amis... Mais Willie ?... (*Entrée soudaine de M. et Mme Vaingret, par la gauche.*)

SCÈNE VIII

Les mêmes ; Monsieur et Madame Vaingret

Monsieur Vaingret (*tenant une lettre*).—Comment... Comment..?

Madame Vaingret (*tenant deux photographies*).— Est-ce possible?.. Eh quoi ? Miss Ethel n'était pas partie ?..

Miss Ethel. — Je suis revenue... par l'*Armoric !*

Bride. — Un peu malgré moi — mais elle a très bien fait !

Monsieur Vaingret (*ahuri*). — Mais, voyons, est-ce que je rêve ?

Madame Vaingret. — Ce portrait... Et mon frère, mon frère est vivant..?

Bride. — Oui, tout cela est vrai ! Votre frère, madame, se porte assez bien pour son grand âge, et le cousin, c'est Willie ! J'ai respecté les volontés de mon vieil ami John Moray ! Il s'est dit que le meilleur moyen de connaître vraiment sa famille d'Europe était de faire comme il a fait...

Jean. — Comment ? C'était Willie...

Bride. — Oui, ce brave Willie Moray, qui vient de nous quitter. Il ignore tout, du reste ; en rentrant, il apprendra... Moi, j'étais tenu au secret. .

Jean. — C'était Willie...

Madame Vaingret. — Mon neveu !...

Bride (*riant*). — Il sera plus surpris que vous, quand il saura... Quant à moi et à ma fille, nous ne quittons plus l'Europe...

Miss Ethel (*à Jean*). — C'est vrai !

Monsieur Vaingret. — Toutes les surprises !

Jean. — Quel bonheur !

Bride (*à Jean, sur le seuil de l'atelier dont il tire le rideau*). — Et toi, pour commencer, tu vas faire ta statue, l'Idéal !

Jean (*lui serrant les mains*). — Oui, oui, de toute mon âme reconquise ! (*Bride, Ethel et lui passent dans le fond*)

Madame Vaingret. — Quelle affaire ! (*Tournant la tête vers son mari*) Mais que va décider mon frère, maintenant !

Monsieur Vaingret. — Après tout, qu'il fasse ce qu'il veut ! Et Jean aussi ! Moi, je m'en lave les mains !

FIN.

Sur le Salon d'automne

Ce splendide et vaste réveil de l'âme gauloise auquel nous assistons aujourd'hui où s'épanouissent des génies poétiques purement celtes comme ceux de Paul Claudel ou de Paul Fort éclate au Salon d'Automne 1912 dans sa toute puissance.

Depuis longtemps Français de Gascogne ou de Champagne avons senti le lien profond qui nous unissait aux Belges ou aux Irlandais. Ce lien intime est-il né de la similitude de notre éducation latine ? Ceci prête à sourire ; ou de l'étroite parenté de nos races celtes ?

Nos âmes éprises de rêve, nos âmes idéalistes et cependant réalistes, nos âmes qui chérissent la fantaisie et le lyrisme, nos âmes celtes enfin, n'ont pas été trop déformées par le paganisme matérialiste et pédant des rhéteurs de Rome. Elles devaient prendre leur revanche sur l'envahisseur latin comme elles la prirent déjà au moyen-âge. Ce jour est venu : L'âme celte chante dans toutes les sources de l'art.

*
* *

Ces notes sur le Salon d'Automne ne tendent pas à former un nouveau palmarès. Au surplus je ne veux point rééditer les réflexions que publiait *Paris-Journal* du 30 septembre, 1er, 2 et 3 octobre, ni les réflexions de mes excellents confrères Granié, Allard, Apollinaire, Max Goth, etc.. sur ce même sujet.

J'ai parlé de l'âme celte à propos du Salon d'Automne. Il faut que je précise. Montrer brièvement en quoi *cette haute manifestation de l'art français que des cuistres attaquent* (1) *fut une admirable preuve de la renaissance originale de notre race* est le seul but que je me propose.

---

(1) J'ai dit à ce propos que des critiques de talent comme M. Lecomte ou M. Vauxcelles, des parlementaires chez qui la sottise le dispute à l'ignorance comme M. Breton ou M le photographe Lampué (tous deux du parti du Progrès), etc... n'étaient que des polichinelles inconscients entre les mains de marchands américains de tableaux pompiers contemporains. Dans cette honteuse campagne de presse à laquelle nous venons d'assister les cubistes étaient le prétexte ; en vérité ce fut tout le Salon d'Automne que l'on voulut saper. Ce qui a déchaîné la grande colère, c'est la rétrospective du portrait qui montrait une fois de plus le grand éclectisme du salon et lui amenait les Bonnat, les Boldini... gloires officielles. Les souteneurs des « artistes français » veillaient sur leurs muses publiques. Jadis ils firent démolir les serres municipales qui abritaient les Indépendants, aujourd'hui, ils veulent qu'on chasse l'Automne du Grand Palais. Tout porte à croire qu'ils y arriveront un jour, car l'intérêt financier est fort lorsqu'il se coalise avec l'ignorance. Ce fut le même mouvement qui se dessina vers 1830 contre Delacroix et Courbet, en 1860 contre Jonking, en 1886 contre le néo-impressionisme. « Il faut plus d'un quart de siècle, a dit Signac, pour qu'une évolution d'art soit admise ». Et Gustave Geffroy a écrit : « Les producteurs dont la raison sociale est côtée *et tous ceux qui vivent de cette production consacrée par le succès*, forment une association, avouée ou tacite. contre l'art de demain. »

*
* *

L'étude du Salon d'Automne 1912 porte sur quatre points : les portraits du XIXe siècle, la peinture contemporaine, la sculpture contemporaine, les arts décoratifs.

Il faut passer sous silence l'effort cependant séduisant des organisateurs de la rétrospective du portrait. Ceux-ci n'ont pu vaincre les mauvaises volontés, et si l'on peut dire que leur exposition fut honorable on ne peut point soutenir qu'elle ne fut... ratée. Les plus grands noms de la 1re moitié du XIXe siècle manquaient à l'appel et, par une concession vaine aux dénigreurs, les noms de nos plus originaux contemporains.

Mais une grande joie attend l'artiste à la sortie des quelques salles où sont groupées ces défroques menteuses d'un passé qui s'est montré vivement à nous au Louvre pour la 1re moitié du XIXe, et aux derniers automne et indépendants et dans cette exposition qui se tint rue Ville L'évêque vers juin dernier, pour la 2e moitié du XIXe. Là on avait groupé tous les impressionnistes. Là éclatait le génie à la fois discipliné et souple, puissant et fantaisiste en sa vérité de Paul Cézanne.

Je crois très grande l'influence de Cézanne sur toute notre peinture contemporaine vivante. Sans doute des maîtres comme Signac, Luce, Françis Jourdain, Guérin, Maurice Denis, Desvallières, Dethomas, Valloton, Matisse, Ch. Lacoste, d'autres nombreux ont leur manière propre que nous aimons retrouver presque la même, à chaque salon. Et encore pourrait-on disputer sur Cézanne et tel et tel d'entre eux... Mais chez la jeune génération ce soleil de la Gaule provençale a fait mûrir des fruits admirables. Les jeunes le reconnaissent avec justice comme leur grand précurseur. Comprendre Cézanne c'est déjà nous aimer un peu, ont coutume de dire quelques uns.

Ce génie architectural de notre race (qui se donna libre cours au moyen-âge où il créa l'ogive et la cathédrale gothique, miracles de poésie hardie et belle) s'exprime en la plus vive intensité chez Gleizes, chez Metzinger, chez Le Fauconnier, chez Léger, chez Tobeen, chez Kisling, chez Marie Laurencin, chez Othon Friez, chez Lhote, chez Marchand, chez De la Fresnaye, chez Dunoyer de Segonzac, chez Luc-Albert Moreau, chez Jacques Villon, chez Pierre Dumont, chez Borgeaud, chez Verdelhan, chez Vlaminck... chez tous les autres qui stimulent l'intérêt.

Ces hommes, que je viens de nommer hâtivement, par mille côtés s'opposent les uns aux autres, mais sur eux tous plane une âme de même essence. Qu'importe que certains viennent de telle ou telle contrée lointaine. Il y a une nationalisation des âmes. Parfois c'est la plus civilisée, parfois c'est la plus sauvage qui l'emporte ; c'est toujours la plus forte. Et l'âme celte est extraordinairement forte.

« Génie architectural », disais-je : c'est-à-dire esprit de construction solide, esprit hardi, esprit transfigurateur. Écoutons ce qu'ont dit de ces peintres des critiques avertis. Notre impression est la leur. Qu'ils parlent de naturisme devant Gleizes, de grâce française devant Metzinger, de fantaisie naïve devant le bon Borgeaud ils ont pour caractériser tous les vrais jeunes les mêmes mots (la valeur du talent mise à part) : construction, lyrisme.

Il y a un autre mot qu'il faudrait prononcer à propos du plus grand nombre : lumière. C'est encore une grande qualité celte qu'il contient en lui. Roger Allard montra judicieusement comment le cubisme pouvait regarder Poussin pour un de ses Maîtres. Je crois qu'il faudrait pousser plus avant. N'est-ce pas Claude Lorrain qui devrait être honoré le premier, qui rejeta le clair-obscur factice et prévint tout le monde dans la recherche de la lumière ? Or c'est à la lumière (et non à l'éclairage), que les peintres reviennent, poussés par l'instinct et malgré l'enseignement factice d'écoliers latins.

Génie architectural, fantaisie, lyrisme, lumière. Ces peintres ne sont pas des littérateurs mais des poètes. Une des caractéristiques de l'âme celte c'est le rêve, l'idéalisme, une sorte de réalisme qui transfigure. Ne sentez-vous pas dans nos arts contemporains une tendance à développer cela ? Elle se manifeste d'abord dans cette affection profonde pour nos primitifs qui ne doivent rien qu'à euxmêmes et dont l'essor a été arrêté par la deuxième invasion de l'esprit matérialiste latin, celle qui fut la plus néfaste, à cette ère de mort (créatrice de Beauté parfois cependant, mais combien plus coupablement vandale) que par ironie peut-être on appela brièvement : La Renaissance. En Italie cependant, nos frères celtes de Sienne avaient dit leur âme rêveuse et lorsque commença à s'affirmer chez nous le réveil de notre race, ce fut vers Sienne que nos yeux se tournèrent, ce fut Sienne qu'aima Puvis de Chavanne, qu'aima Maurice Denis. Mais Sienne c'était déjà l'âme celte corrompue. Et notre temps l'a puissamment senti qui a reconnu le besoin de plus de virilité et qui a vu Paul Cézanne et qui a l'honneur d'assister à cette véritable renaissance originale de notre art que nous appelerons avec orgueil le cubisme, puisque les sots qui jetèrent ce mot aux peintres en voulurent faire une injure.

Cette renaissance existe aussi en sculpture. Duchamp-Villon, Joseph Bernard, l'allemand Wiellde qui a été gagné par le génie français et Bourdelle sont de grands artistes qu'il faudrait nommer à ce propos. Raffinement et rusticité dans le jeu des volumes, sobriété savante des plans et lumineuse fantaisie, construction solide et hardie, lyrisme… Ce sont encore les mêmes termes.

Et ce sont encore à peu près les mêmes termes qu'il nous faudra
dire à propos des meubles de Mare et des efforts de ses amis. Sans
doute l'art décoratif français qu'essaient de renover les jeunes a-t-il
reçu une forte émulation de l'exposition des décorateurs Munichois,
mais il ne faut pas s'exagérer le germanisme de l'inspiration. La
première grande leçon que nous donnèrent les Munichois est surtout
une leçon de discipline et d'entente. Au surplus leur « manière »
n'était pas originale et s'inspirait directement de la « manière »
française négligée par nous. La deuxième grande leçon que nous
avons reçue d'eux pourrait s'énoncer ainsi : « Regardez chez vous ».
Chez nous, en effet, nous avons des ressources inépuisables Mais
cet amour, à la mode, du faux-vieux et du meuble provincial (breton,
normand, lorrain, bearnais ou longuedocien) n'est-il pas aussi un
avertissement. Pour celui qui a parcouru les villages où vibre plus
purement la race celte (c'est-à-dire non seulement en Armorique
comme un vieux préjugé fallacieux le pourrait faire croire à quelques-
uns, mais dans toute la France), je n'ai pas besoin de dire les nombreuses trouvailles rejouissantes qu'il heurte à chaque pas. Ici, c'est
un fauteuil au siège allongé juste assez pour la parfaite aisance du
repos, ici l'armoire s'ouvre sur les côtés permettant parfois de com-
modes recherches…. Trouvailles vieillotes celles-ci et d'autres.
L'ingéniosité de nos artisans, leur esprit inventif, le désir de bien-
être de notre peuple et son goût du « beau mobilier » ont accumulé
dans notre province des mille richesses encore méconnues par la
non-publicité faite autour de leur naissance.

Nous aurons l'occasion de parler bientôt et tout spécialement de
l'art décoratif français Il nous faut aujourd'hui constater seulement
la concordance extraordinaire des résultats acquis par nos sculpteurs,
nos peintres et nos décorateurs. Ceci n'est point l'effet d'un hasard,
mais la marque profonde d'une réaction de toute une génération
contre la servilité d'un passé immédiat qui n'était qu'un voile factice
et anémiant jeté par des pedants sur un passé plus original, sur la
vraie tradition de nos races communes (1).

Olivier Hourcade.

---

(1) Gaulois blonds, celtes bruns, francs, sont de même race, de race celte.

Les Bleus de la G. G. G.

La G. G. G. c'est la Galerie Georges Giroux, cette salle d'exposition superbe, la plus belle, la seule vraiment artistique que nous ayions à Bruxelles. Un homme, sincèrement dévoué à l'art, à l'art des jeunes, surtout ; un homme sincèrement désintéressé donc nous en dota l'an dernier. Ses murs ont retenti de la clameur futuriste ; ils crieront les audaces et les violences des fauves de tout poil. Peintres, musiciens, sculpteurs, poètes y exalteront leur Verbe aux ardeurs batailleuses. La salle Giroux, dans l'idéal de son créateur, sera l'arène où ceux qui ont du cœur au ventre pourront, nus dans l'orgueil de muscles neufs, joûter des combats d'enthousiasme.

Cette fois, ce ne sont point, à vrai dire, de ces lutteurs que l'on nous montre. Ces *Bleus* ne sont pas authentiques. La plupart se sont fait connaître, et pour quelques « tord-bourgeois » que nous aimerons, combien de brossailleurs quelconques ? L'accent original, le coup de poing, disons le tout de suite, sont l'exception. Pour un *de Kat* âpre et brutal, pour un *Jean Brusselmans* vigoureux et sincère, pour un *Permeke* sauvage et personnel, pour un *Spillaert* visionnaire et bizarre, que d'insipides faiseurs ! Les « Brabançonnes » de drapeaux tricolores, les Kermesses d'étrennes de Blandin ne nous émeuvent guère. Les natures mortes, ô combien, en plaqués lourds et noirs, de Frison nous laissent froids, hélas. Les chinoiseries d'Ignace Pley sont bibelotières de bazard. Mme de Serafa, au joli nom, le justifie sans doute plus par sa grâce féminine que par ses prétentions à l'art. Le portrait trop bleu de Wéry courtise la concierge — qui n'est pas belle, et bruxelloise par surcroît... Mais arrêtons-nous aux œuvres. Il y en a. Une seule suffirait d'ailleurs ! Jean Brusselmans expose quatre toiles remarquables *Nu, Les Harengs, Champs sous la neige, Etude.* Voici un tempérament de peintre, un flamand de la bonne race. Sa joie est d'écraser le tube de couleur sur la palette large. Son pinceau ne se veut virtuose : il est probe, il est sincère, il est fruste Il trouve ses sujets dans sa vie même, dont il note les formes fugitivement apparues, ou contenues durant des jours. Sans pose, sans phrase, très simplement, mais avec amour, et pour les vivre davantage, il exprime ses émotions. On sent chez cet artiste une foi naïve, ignorante, robuste ; une volonté de solitude, une sorte d'avarice même, à s'enfermer dans une existence pauvre, étroite et nue. Son inspiration sera toute intime. Il ne s'efforcera pas de saisir, dans le mouvement fiévreux moderne, la course d'une ligne, le chatoyement d'une clarté. Il incarnera sa vision solitaire dans quelques formes, dans un être, dans les objets familiers. Ses touches ressemblent à des paroles très rares, tombées graves et lourdes dans le silence du logis. .. Cette femme, exagérant la minceur de son corps, c'est la sienne, telle qu'il la voit, telle qu'il la

veut, telle qu'il l'aime. J'ai entendu quelqu'un crier à l'impudeur de
l'exposer aux regards de tous ! Mais le peintre n'y a pas songé. Et
puis, cette impudeur, c'est la marque de la sincérité. C'est l'œuvre
d'art elle-même, qui chante, sans savoir pourquoi, pour la seule joie
d'être une minute soudain fleurie dans la chair ou dans l'âme. A la
posséder totalement ainsi, l'artiste aura senti battre, plus chaud et
plus vite, son sang. L'œuvre s'en éclaire d'une sorte de joie intérieure
et profonde. Le dessin est dur : j'y trouve de la vigueur. La
carnation est subtile, amoureusement caressée ; elle est lumineuse,
douce à la vue. La réalisation est sobre, fervente, et pour tout cela,
vraiment originale. Dans *Les Harengs,* par contre, il semble que le
pinceau ait bataillé avec rage... Sur un coin de divan, aux tons de
tapisserie usée, gardant en sa patine assez de crudités et de finesses
rougeoyantes, deux harengs font une tâche molle et fraîche. Je ne
sais s'il faut voir, dans cette composition fantaisiste, une intention
quelconque. Ce « déjeûner » maigre, étalé sur le vieux meuble de
brocante ; est-ce une boutade un peu amère, est-ce un cri de
révolte ?.. Inconsciemment, peut-être, l'artiste nous fait songer à
cela — car Brusselmans peint bonnement pour peindre.

Ses paysages d'hiver, d'un dessin ferme et fouillé, évoquent
un peu la manière de Breughel.

Fernand Verhaegen, — un Wallon de Marchienne — occupe un
mur de la première salle. J'aime assez son *Intérieur,* encore qu'il me
paraisse « fatigué » ; sa *Nature morte,* recherchée ; une esquisse...
Je n'aime pas ses *Processions de Gerpinne,* ni ses *Gilles de Binche,*
grands pantins vaniteux et poseurs, paonnant comme devant
l'objectif. Ce n'est pas que la parade manque de couleur. Les costumes,
d'une richesse rutilante, les hauts chapeaux ornés de plumes
ondoyantes, ce luxe, cette magnificence dont le coût a fait la réputa-
tion, sont dignes de l'annuelle folie Mais ces très beaux seigneurs ne
bougent pas. Sont-ils grisés de chansons et de rires ? Immobiles,
dans ces travestis de carnaval, je les trouve quasi ridicules. Je sais
bien qu'il est plus difficile de noter le mouvement, par taches
tournoyantes... Mais c'est lui qui nous intéresserait ici. Fernand
Verhaegen se doit d'acquérir la maîtrise qui lui permette d'aller
planter son chevalet en pleine fête, en pleine orgie, dans les saute-
ries et dans les cris ; d'y peindre, animé de leurs rythmes, d'un
pinceau désordonné, mais sincère.

Edgar Tytgat s'est fait le peintre des jouets, des kermesses, des
contes et des légendes enfantines. Voici les *chevaux de bois.*

> « Aveugles de leur tourbillon
> Les moulins tournent, papillons,
> Et leurs musiques meurtrières
> Dans un flot de rouge lumière »

L'Histoire de quatre bateaux, le petit chaperon rouge, les jouets, la kermesse.
Puis des notations de printemps, pimpantes, claires, rieuses, un
effet de neige, un *jour de pluie,* le *crépuscule à Boitsfort,* d'une atmosphère

délicate et fine ; un cadre avec des dessins amusants, spirituels, d'une naïveté qui n'exclut pas un talent réel et sûr. (1)

L'un des plus personnel, des plus chercheurs parmi les jeunes sculpteurs et peintres, c'est, sans contredit, le voisin immédiat de Tytgat, ce Hollandais osseux et sec, à la voix et au geste tranchants, bien dénommé *De Kat*. De Kat — le chat — nerveux, subtil, brutal, félin, en vérité ! Aussi typique que sa peinture, voyez ce visage tout en angles, comme taillé dans du bois dur. Il s'est étudié soi-même. Front têtu, yeux vrillants, bouche méchante. Les pommettes saillent, formant coins de losange. Des poils rares et roux rapent le creux des joues. La moustache affine encore le trait des lèvres. Une pointe affute le menton. Cette tête, d'une maigreur impressionnante, est celle d'un énergique, d'un âpre, d'un tenace. C'est celle d'un souffrant que dévore l'orgueil du labeur. C'est celle encore d'un crève-la-faim heureux de sa misère, et qui bataille, et qui ose, et qui vainc. Comme Jean Brusselmans, *De Kat* nous dit sincèrement sa vie. Mais l'art de ces deux peintres n'a rien de comparable. Le dernier a d'évidentes affinités avec Rik Wouters, cet autre Flamand pur et sauvage, dont les dons semblent de génie. Comme Wouters, et peut-être sous son influence, De Kat est d'une pièce ; il veut se libérer de toute contrainte, il s'insurge, brise la ligne, meurtrit la forme, s'efforce à rendre le mouvement. Le métier est incertain encore, peut-être, cet art n'est pas sans défauts : il tâtonne, il cherche, il se trompe. C'est sa probité. On peut craindre pour lui l'admiration exclusive de Wouters, on peut le mettre en garde contre l'acquis d'une « manière ». N'importe, il y a de l'émotion, dans ces œuvres. Les pastels disséminés un peu partout dans le salon portent un sceau de personnalité *L'Intérieur* est d'une étude poussée, qui marque déjà l'étape franchie. *Portrait d'enfant, Chardons, le Premier Communiant, Portrait de femme, Déjeûner*, tout cela d'un accent vrai, d'une couleur « vécue ». J'apprécie moins les *Paysages. Vues sur Watermœl*, où des poteaux télégraphiques me coupent l'atmosphère pourtant fondue.

Des sculptures de *De Kat*, une seule m'a frappé — et c'est la seule de celles exposées — *Masque d'homme*. Les mêmes caractères s'y retrouvent avec, peut-être, plus d'âpreté encore.

Les deux dessins, *Paysages sous la neige*, de Permeke, font aussi songer au vieux Breughel. *Jeune fille à sa toilette*, du même, est une peinture étrangement personnelle. Sous une apparence de brutalité, quelle souplesse dans l'attitude, très féminine, quel raffinement dans la couleur. Permeke aussi est un sentimental qui se voudrait des airs de rudesse ; c'est le Flamand épris de force, de matière grasse et de santé, mais dont l'âme s'attendrit aux moindres nuances, dont l'œil surprend la caresse furtive de la lumière sur la

------

(1) L'imprimeur Havermans édite en ce moment un livre « Pour les enfants » de cet artiste, conteur aimable du crayon.

vie. — Léon Spillaert possède une vision et un dessin bien à lui.
En quelques lignes, par le rapprochement de deux tons, il évoque
l'impression d'un paysage : *La Fin d'un beau jour*, — une attitude :
L'Attente, — un décor : *Femme sur le quai*. Il atteint à la grandeur,
çà et là, avec une incroyable simplicité de moyens. Mais l'excès d'originalité l'entraîne parfois à la laideur. Le *portrait* qu'il nous offre —
est-ce lui-même ? — la chevelure dont il enveloppe sa *femme assise*
sont d'un art « allemand » qui nous blesse avec violence. Mais tout
cela, certainement, a du style, et c'est original. Citons encore
Pieter de Mets, un tout jeune Anversois et flamingant sans doute
— la nomenclature de ses œuvres est en « moedertaal », ce qui,
personnellement, ne me dérange, mais doit gêner nombre de visiteurs. — De Mets est inégal quoique doué. J'aime beaucoup ses
Marionnettes, ses paysages, à mon avis, sont quelconques. Il y a
encore des toiles de Canneel, Conhaye, Scoupreman (le soleil ne
joue pas assez sur ce *jardin ensoleillé*, et les fleurs n'y secouent pas
assez leur parfum), Sterkmans, Van Grinderbeek ; elles ne m'ont pas
retenu. Cela, certes, ne veut pas dire qu'elles soient dépourvues
de valeur ! Mais chacun vibre selon ses nerfs, et voit selon ses yeux.

René Lyr.

Décembre 1912.

Chronique de Liège

Chrysanthèmes. — Conférences.

Tout Être exagérément myope n'eût pas été peu surpris, une fois conduit dans l'aile gauche du *Palais des Beaux-Arts de la ville de Liège*, de constater les progrès immenses réalisés par la peinture contemporaine. Quoi ! des peintres de fleurs existaient, capables de donner à leurs productions un relief tellement saisissant que les centaines de chrysanthèmes aux robes polychromes surgissaient de leurs cadres jusqu'à descendre sur le parquet de la salle !

Tout beau ! A bien y regarder, l'incorrigible myope se fût aperçu que les cadres manquaient et que les chrysanthèmes sortaient si complètement de ceux-ci pour l'excellente raison qu'ils n'y étaient jamais entrés ! Simplement, en un féerique parterre automnal, le Salon d'Art s'était transformé. Les Cimaises, vierges de toiles, reluquaient la mer immobile des ocres, des pourpres et des blancs que l'on devait aux horticulteurs les plus avisés de la région. Sans commettre trop d'erreurs, les visiteurs allaient pouvoir émettre leurs critiques... Tiens, parbleu ! Il est bien plus facile de porter un jugement « quand ça vit que quand c'est peint. ». Aussi des familles entières, père et mère rondelets, fillettes caquetantes, se pressaient-elles devant les « têtes de griffons » comme eut dit Laurent Tailhade, et s'emplissaient-elles les yeux de la symphonie florale non toutefois sans se demander si ces produits de culture, mis en appartement, conserveraient bien leur éclat un mois durant et si l'ardeur du foyer à gaz ne les décolorerait pas. Voilà la vraie critique d'à côté, mille fois préférable, sans doute, à celle que distillent des purs esthètes aux cheveux longs ! Il n'est encore que la science et le confort pour décider la bourgeoisie à s'entourer de belles choses.

Ceci dit, il faut saluer, en toute sincérité, le bel effort qui valut au Palais des Beaux-Arts cette floraison inaccoutumée. Ce ne sont, dans les parterres, que cheveux blancs ébouriffés, que tignasses hirsutes à la Poil-de-Carotte entremêlant leurs clartés aux teintes brunes d'imprévus martinets. Et sur tout cela un petit air Japonais qui n'est pas pour déplaire.

Mais on ne songe pas sans quelque angoisse aux mutilations que les horticulteurs, en mal de découvertes, font subir aux chrysanthèmes-types. C'est très oriental : il y a beau temps que les Chinoises

infligent à leurs pieds les plus térébrants supplices au profit de je ne
sais quel sadisme artistique. Au demeurant, le transport sur telle
fleur d'un pollen-cousin, la destruction de bourgeons secondaires et
féconds au bénéfice d'un unique pistil sont tous actes en harmonie
avec la mentalité d'aujourd'hui qui exige un raffinement de luxe au
détriment des humbles dont on vante cependant, à grand renfort de
creuses déclamations, les qualités précieuses. Inconséquence fatale !...

Comme d'énormes seins sans pointe, les chrysanthèmes roses
s'offrent voluptueusement à la convoitise. Plus loin, d'autres fleurs
trahissant la pourpre des lèvres, s'éclairent de pétales mordorés
comme si des lueurs de bijoux les frôlaient. Et puis voici l'or éclatant
du Produit Royal, cœur ouvert à tous les désirs ; l'amalgame savant
de rubans bronzés en forme de langues ; ici enfin des houppes en
dos de hérisson piquent les narines avides qui s'en approchent....
Ah ! quelle orgie plus compliquée l'on consommerait avec ces chrysanthèmes qu'avec des roses aux teintes de pastels ! Dans une Rome
moderne, Néron jouirait mieux sous le poids des massives fleurs
truquées !

Pourtant — cruelle ingratitude — quel regard attendri ne
devrait-on pas abaisser sur l'humble *Sainte-Catherine*, chrysanthème
primitif qui fait provision, pour l'hiver morne, des derniers rayons
de soleil et porte aux morts l'assurance d'un inaltérable souvenir,
aux morts si simples qu'il ne faut pas effaroucher...

* * *

C'est aux habitués des séances littéraires qu'organise *L'Association
pour l'extension et la culture de la langue Française* que Madame Lucie
DELARUE-MARDRUS fit dernièrement sa confession. Eh oui, sa
confession ! La conférence dégénère à ce point que les écrivains en
vogue se bornent à parler de leur propre personne et ce, en termes
choisis, comme il convient. Rien d'amusant, comme ces « petits
jeux », mais assez peu instructif en somme. On a bien dit aux
auditeurs que, pour composer un roman il faut choisir un décor,
y « situer » des personnages, les faire agir selon les lois du déter-
minisme ou du libre-arbitre... Et puis ? Que les profanes, après
cela, essayent donc d'écrire 300 pages sur un « sujet original » !

Je ne serais pas étonné que l'écrivain-conférencier se gaussât du
bon tour qu'il a joué.

M. Brieux, de l'Académie Française, se plut un jour à raconter
la méthode qu'il avait suivie pour charpenter sa *Blanchette*. Nous
avons souvenance de cet exposé scientifique qui nous laissa rêveur...
On ne peut toutefois nier qu'une documentation sérieuse et précise
vint, en ce jour, apporter des lumières — un peu crues, il est vrai —
à ceux-là qui voulaient connaître le chemin du talent et de la gloire.
Personne, néanmoins, ne refit *Blanchette* .. après Brieux.

Madame Lucie Delarue-Mardrus, elle, reste dans le vague, et
c'est peut-être ce qui valut à sa causerie d'être tout à fait charmante.
Pareille attitude sied bien à la femme, lui fournissant l'occasion de
dire à l'adresse des catégories de gens qu'elle n'aime point — n'est-ce
pas, MM. les critiques ! — des petites choses désagréables et de
s'enthousiasmer « en bloc » sur tels procédés de travail parce qu'elle
les a adoptés. Au demeurant, nous savons surtout de Madame Lucie
Delarue-Mardrus que les voyages en Orient ont pour Elle des attraits
innombrables et que les longues séances d'équitation, soit au manège
soit en prairies, lui plaisent infiniment. Nous savons aussi que cette
femme d'énergie se dit paresseuse bien qu'elle ait publié, à l'âge de
trente ans, cinq volumes de vers et sept romans. C'est pour le moins,
une féconde paresse. Enfin l'auteur de « *Comme tout le monde...* » nous
a révélé que dans chacune de ses œuvres elle s'identifiait complètement avec l'un de ses personnages, que ses facultés d'observation
minutieuse étaient très développées et que les vers jaillissaient de son
cerveau avec une spontanéité vraiment déconcertante. Quoique une
telle aisance ne prouve rien — songez à Flaubert — nous nous
plaisons à reconnaître les qualités d'émotion profonde et de rythme
qui font de maints vers de Madame Lucie Delarue-Mardrus, de purs
joyaux. Il existe d'elle, notamment, quelques pages sur la *Normandie*
— son pays natal — qui sont tout simplement remarquables.
Combien nous préférons — ceci soit dit en passant — les poèmes de
l'auteur des *Horizons* à sa prose qui, pour très psychologique qu'elle
soit, accuse certaines longueurs et une insouciance assez marquée de
la synthèse. Nous ne serions pas trop étonné d'apprendre que
Madame Delarue-Mardrus partage elle-même cette opinion, en son
for intérieur, car elle *dit* beaucoup mieux le vers que la prose. Et
ceci, quelquefois, est significatif.

*
* *

Toute personne un peu au courant de la vie théâtrale parisienne
n'est pas sans ignorer le rôle important que jouent l'argent et les
complaisances dans l'admission des pièces à faire représenter sur la
plupart des scènes les mieux côtées. Toutefois l'idée que l'on a d'une
situation frisant souvent le scandale est assez vague dans les esprits —
et l'on serait souvent fort en peine d'en parler avec quelque précision.
Au surplus il n'est point sans courage d'oser clamer *urbi et orbi* la
laideur des actes que l'on réprouve dans l'intimité. Indépendance et
documentation sont donc requises de celui qui veut, avec la certitude
d'être écouté et approuvé, dévoiler les dessous d'une situation qui
emprunte tout son pittoresque aux trafics du plus bas commerce.

Grâces soient rendues au cercle des *Amitiés Françaises* d'avoir
prié à sa tribune l'homme d'action, l'écrivain documenté qu'est
M. Alph. SÉCHÉ. Le Directeur du nouveau théâtre d'Art a tout le
courage et la compétence voulues pour stigmatiser ce qui, dans les

403

théâtres réguliers, répugne aux vrais défenseurs de la Beauté. Aussi sa conférence nourrie de faits et dite énergiquement, a-t-elle enthousiasmé l'auditoire.

Pour la résumer en quelques phrases nous dirons que l'inauguration des théâtres irréguliers, ceux qui sont en marge des théâtres classés, des théâtres du Boulevard et de la Banlieue, répond à la nécessité de mettre au service des vrais talents inconnus, les statuts généreux d'une coopérative d'auteurs et d'acteurs que révoltent les procédés mercantiles des Arrivés et des Arrivistes.

Antoine, Paul Fort, Lugné Poë, Alphonse Séché eurent le beau geste d'oser dénoncer les raisons qui les forcèrent à créer des scènes d'art à côté des grands théâtres : L'impossibilité de faire représenter, à ces derniers, des œuvres de valeur si l'on n'a l'escarcelle bien remplie ; l'obstination systématique des dramaturges en vogue à faire jouer cent fois leurs pièces quitte à parfaire quotidiennement le chiffre d'une recette imposée ; l'achat des rôles par les actrices bien rentées ; les privilèges accordés aux auteurs doublés de critiques influents qui éreintent ou portent aux nues, dans leurs journaux, les théâtres plus ou moins accueillants ; la confection par d'illustres inconnus de drames et de comédies que signeront, aux premières, les trusteurs de la scène, etc., etc...

Les théâtres d'à-côté, eux, sont les francs-tireurs de la littérature dramatique. Ils rejettent tout esprit commercial, uniquement préoccupés de servir l'Art et de préparer à la gloire ceux qui la méritent. Ils ont utilement réagis contre « le Métier » et lui ont substitué « la Vie ». Désormais c'est d'elle que naîtra le mouvement alors que jusqu'en 1890, la Vie était facticement et superficiellement créée par le mouvement, par le jeu des ficelles que maniaient avec tant d'habileté les Scribe, les Augier, les Dumas et les Sardou dont cependant on eut pu attendre mieux après les essais remarquables de « La Dame aux Camélias » et de « Le Gendre de M. Poirier ».

Monsieur Séché, dans une admirable péroraison a rappelé ce que maints auteurs très appréciés doivent aux théâtres d'à-côté. Il a dit sa foi en une institution nécessaire et libre, et nous a, par son enthousiasme, sa sincérité, son honnêteté, confirmé dans l'idée très avantageuse que nous nous faisions déjà des nobles principes à l'épanouissement desquels il préside.

*
* *

On voudra bien ne pas me tenir rigueur du silence que je dois faire, contre mon gré, sur de très nombreuses conférences qui mériteraient, tout autant que celles dont je viens de donner un bref aperçu, mieux qu'une simple mention. Il faudrait disposer de vingt pages de *Flamberge* pour silhouetter les Marius Leblond, les

Nozière, les Rivière et autres qui parlèrent en notre ville sous les
auspices des « Amitiés Françaises » ou de « l'Association pour
l'extension et la culture de langue Française ». Il n'est point jusqu'à
Paul Fort dont je ne puisse, faute de place, redire les louanges que
tressa la presse jeune et enthousiaste de Belgique au lendemain des
Conférences faites par le Prince des Poètes à Bruxelles, Mons,
Verviers et Liège — en cette dernière ville sous les auspices de
« l'Œuvre des Artistes ».

Et c'est à peine si deux lignes s'offrent encore à moi pour
signaler la création de « L'Union des Femmes de Wallonie » qui
vient, pour sa séance inaugurale, de faire appel au très délicat poète
Albert Mockel.

Dès l'instant où les femmes s'y mettent, les flamingants n'ont
qu'à se bien tenir. Bravo, Mesdames !

Paul Mélotte.

Le Petit Théâtre

Assurément, ce n'est point chose neuve que les Marionnettes.

Elles étaient connues des Grecs et Aristote en parle explicitement : si ceux qui font agir et mouvoir de petites figures de bois tirent le fil qui répond à un des membres, ce membre obéit aussitôt et on voit, dit-il, le cou tourner, la tête se pencher, les yeux s'agiter, les mains se prêter aux mouvements qu'on en exige ; en un mot, toute cette petite personne de bois paraît vivante et animée.

Plus tard, l'Italie et surtout Naples apprécie les puppi et les fantoccini, troupe bouffonne dont Pulcinelli est le chef réputé. Sous Charles IX, importées en France par Marion, les « *Marionnettes* », sont popularisées par le fameux Jean Brioché, célèbre arracheur de dents, tour à tour établi sur le Pont Neuf, les boulevards et les places publiques. De purs artistes, Pierre, Lazari, Séraphin et Joly, disciples de Brioché, réunissent bientôt, en des salles combles, une jeunesse exultante.

Brioché a des rivaux en plein vent, bateleurs aimables mais bien au-dessous, qui ne parviennent pas à lui damer le pion. Guignole et Guignolet trouvent bientôt leurs pareils en Wallonie : ce sont les « théâtres de Saint-Antoine » où se jouent, devant un auditoire d'enfants, des scènes de l'ermitage et des facéties.

J'imagine que ces théâtres de St-Antoine n'ont pas été sans charmes pour M. Louis Piérard, Borain de race ; je me rappelle aussi avec quel dilettantisme il exprimait, dans la revue Antée, toute son admiration pour les fantoches de Liège — car la vieille cité wallone avait déjà son théâtre des Marionnettes — et cela m'explique la genèse du *Petit Théâtre* de Bruxelles.

* * *

Or donc, c'est le 21 décembre dernier, à la Galerie Giroux, que le *Petit Théâtre* conviait, à son inauguration, un public d'élite. Sur fond vert, la façade or et tripartite du théâtre fait évoquer quelque temple de l'Hellade. Et c'est d'un bon goût séduisant. L'auditoire murmure son premier plaisir.

Un grand silence, presque du recueillement : Mademoiselle Ewings, pianiste délicate, interprète le « Flirt de Marionnettes » et « l'Orgue de Barbarie » de James Ensor. Une ovation terminale vibre longuement.

Et voici qu'après les trois coups paraît, sur la petite scène lumineuse et élégante, une Marionnette en habit, que des langues indiscrètes s'empressent de baptiser à l'oreille du voisin : Louis Piérard.

Louis Piérard, en effet, fait, avec humour, une conférence inaugurale ; car si tout finit, en France, par des chansons, tout commence, chez nous, par des discours.

Des bergerettes du XVIIIe siècle de Pergolèse, de Monsigny, mimées par des marionnettes aux affiquets charmants, sont chantées à ravir par Mademoiselle Claire Nanteuil : *Que ne suis-je la fougère, O ma tendre musette, Chantons les amours de Jeanne.*

L'auditoire applaudit ensuite le ténor R. Fourmond dans les Noëls anciens des provinces françaises. *Il est né le divin enfant, Quand Dieu naquit à Noël* sont de délicieuses évocations.

Joliment détaillée au clavecin par Mademoiselle Ewings, une sonate de Scarlatti termine la première partie.

Dix minutes d'entr'acte !... Nous voici captivé par cette naïve bluette de Mozart qu'est « Bastien et Bastienne ».

Heureux choix pour une inauguration de ce genre. Œuvre fraîche d'inspiration à laquelle les marionnettes, les décors et les costumes — tous de bon goût — de Monsieur et Madame von Divéky donnent un cachet approprié.

Les applaudissements nourris qui clôturèrent cette soirée signifièrent aux directeurs du Petit Théâtre, MM. De Praetere et Louis Piérard, combien ce régal artistique fut savouré.

De tels débuts sont encourageants ; l'originalité et l'émotion pure de ces spectacles servent d'antidote violent aux banalités ressassées et c'est là, croyons-nous, le plus sûr garant de succès.

Epris de réformer la scène, les fondateurs du Petit Théâtre feront s'harmoniser les décors et l'esprit de la pièce ; ils trieront sur le volet, pour les vulgariser, les chefs-d'œuvre littéraires et musicaux. Dès à présent, après la *Servante maîtresse* — œuvre célèbre de Pergolèse, traduite en français par Baurans — ils nous annoncent : *Uylenspiegel, Le Petit Chaperon rouge, La Poupée de Nüremberg, Barbe Bleue.*

Et bientôt nous verrons à l'affiche : *Le Florentin* de La Fontaine, le *Satyros* de Gœthe, *On ne badine pas avec l'amour* de Musset, *Les Uns et les Autres* de Verlaine, *Le Théâtre en Liberté* de V. Hugo, *Béatrice* de Maeterlinck, *Les Flaneurs* de Van Lerberghe... sans compter des opéras comiques de Pergolèse, Monsigny, Grétry, Mozart, etc...

Puissent les subsides officiels pleuvoir dru dans le giron des accortes bergères et puissent aussi « *Les Amis du Petit Théâtre* » (1) assurer aux marionnettes le gîte et la pâtée.

De bien jolies étrennes, ma foi !

Raymond Hustin.

____

(1) Société en formation, rue du Couloir, 35, à Bruxelles.

Chronique des Revues

La Nouvelle Revue Française (Décembre). — Une étrange nouvelle de Bernard Combette ; des proses lyriques de P.-F. Roche, la fin de la belle étude de Jacques Rivière sur *la Foi*, la suite de l'essai de Henri Ghéon « l'épreuve de Florence », tout cela, complété par la *Chronique de Caërdal* de Suarès et les chroniques mensuelles, suffit à conserver à la *Nouvelle Revue Française* la première place parmi les revues modernes.

** **

Le Rythme (Octobre) publie un numéro consacré entièrement à Han Ryner, prince des conteurs, composé de façon magistrale. Banville d'Hostel, Florian-Parmenter, M.-C. Poinsot, Maurice Privat, G. et E. Simon-Savigny, Jacques Fréhel et Gabriel Cloizet nous montrent en le noble écrivain de *l'Homme-Fourmi* le polémiste et le critique, le conteur, le dramaturge, l'orateur, le philosophe et l'homme de cœur. Une intéressante enquête termine ce numéro.

** **

Au sommaire de l'**Occident** (Octobre), nous relevons les noms de Maurice Vallis, René Chalupt, Emile Clairin, G. Jean-Aubry et François Fosca.

** **

S. I. M. (Décembre) nous donne d'intéressants *Souvenirs de la Société Nationale* par Henri Duparc, et des études de Jean d'Udine, Chitz, etc.

** **

Les Guêpes (Août-Novembre) consacrent un quadruple numéro aux « Jardins français ». Enquête dont l'objet apparaît plutôt bizarre, et à laquelle ont répondu des écrivains comme Maurice Barrès, René Bazin, Henry Bordeaux, Fernand Mazade, J.-J. Tharaud, Willy, etc.

** **

Les Rubriques Nouvelles (Décembre). — Poèmes et proses de Jean Muller et Gaston Picard, Nicolas Beauduin, Joseph Périer, Charles Mokel, François Quer.

*
* *

Le Beffroi (fascicule 100) publie des vers de Touny-Léris, Jane Mercier-Valenton, Edmond Rocher, Willy G. R. Bénédictus (ceux-ci dédiés à Junia Letty, naturellement) et des proses de P.-M. Gahisto, Maurice Gauchez, etc...

*
* *

Le Parvis (Décembre) publié courageusement par Jacques Noir nous paraît un effort sincère, et moins intéressé que ne le proclamait son fondateur dans le n° 1. Revue sympathique et bien composée.

*
* *

Les Cahiers du Centre (Novembre-Décembre) éditent en leur dernier cahier un recueil de dialogues alertement écrits par Emile Guillaumin. Une âme pure de paysan observateur y transparaît. Cela fait songer parfois à Jules Renard, et c'est bien le plus gros éloge que nous puissions en faire.

*
* *

La Jeune Wallonie (Janvier) nous parvient. — On y lit des choses de ce genre « *L'Hélène de Sparte* de Verhaeren, pièce embêtante s'il en fut, qui a fait un *four noir* à Paris... » — « On préfère aujourd'hui, pour se lancer, faire venir de Paris le prince des 300 poètes ratés et proclamer le génie de ce maître exotique dont nous, pauvres bougres de lettres, ne parvenons pas à nous assimiler les fadaises... » — «Valère Gille, l'incomparable, génial et modeste poète national ..»

Ailleurs J. J. se plaint de notre « dédain envers les confrères ». Parbleu ! Serait-il plus « fraternel » d'encenser au hasard les périodiques qui tentent d'abêtir un public commençant à s'éveiller ? FLAMBERGE n'a jamais dédaigné les revues où des talents éclos ou en germes plaçaient leurs écrits : au contraire : nous aimons à applaudir tout effort, quel qu'il soit !

Mais nous devons proclamer que des articles comme celui du « diable boiteux » transforment une revue pâlotte en revue grotesque.

*
* *

La Vie Intellectuelle a consacré son numéro de novembre à Edouard Schuré qui, le premier, sut découvrir aux français et louer comme il le fallait l'œuvre de Wagner. FLAMBERGE s'associe de tout cœur à cet hommage rendu à un esthète de premier ordre, à un bel écrivain trop peu connu.

409

*
* *

Poème et Drame, tel est le titre d'un recueil nouveau publié tous les deux mois par Henry Martin-Barzan. Le premier tome en est remarquable. Louis Mandin, Georges Polti, Gustave Lanson, Jean de Bosschere, etc... y collaborent. Signalons une excellente etude de Jean Muller sur l'attitude dramatique du Roman contemporain.

*
* *

La Bonne Auberge, qui vient de naître à Louvain, nous offre des vers aimables de quelques jeunes, M. Lesigne, Silvercruys, Freddy Lejeune...

*
* *

Les Horizons (15 Décembre). — Poèmes de Bannerot, Dominique Combette, Jules Romains, Théo Varlet. Proses de Legrand-Chabrier, Henriette Sauret, Henry Strentz, R. Wachthausen.

*
* *

La Belgique Française a consacré son dernier numéro à Paul Fort, prince des poètes. Hommage rendu par notre jeune génération au charmant créateur qui faisait, à cette époque sa joyeuse entrée dans les états belgiques.

Junia Letty, Willy G.-R. Benedictus, Richard Dupierreux, Maurice Gauchez, J.-J. Van Dooren, etc. ; y collaboraient.

*
* *

Signalons les autres périodiques reçus, que le manque de place nous empêche de plus longuement désigner : **Exil, Le Catholique, La Revue de Belgique, Le Thyrse, L'Elan, L'Essor,** etc...

A. C.

Quelques notes

* *

L'extrême abondance des matières nous oblige à remettre au prochain numéro des vers de René Lyr, Lucien Christophe, une nouvelle de René Schmikrath et les chroniques des poèmes et des livres.

* *

Nous aurions voulu consacrer un article sérieux à la superbe fête « pour la Wallonie » organisée le 23 décembre dernier, à Mons, par les « Amitiés françaises », mais la place nous manque. Cette soirée comptera parmi les meilleures. Jules Destrée y parla des « chansons des clochers wallons » — et des artistes locaux y chantèrent les airs fameux des « chonq clotiers » du « bia bouquet » de « D'Jean d'Nivelles » et de « l'Escouvion ». — La révélation de cette soirée fut, sans contredit, celle du ténor Louis Piérard. Nous ignorions que ce Montaigne fut doublé d'un Caruso ! Bravos aussi pour G. Talaupe et pour Myen qui nous prouvèrent que la chanson montoise était vaillamment défendue par de vrais poètes !

Madame Albert Mockel et Achille Tondeur prêtaient leur concours à cette fête où vibra l'âme wallonne et où s'affirmèrent d'indubitables sympathies. Il était très tard lorsqu'après l'audition du « Chant des Wallons » d'Albert Mockel, l'assemblée, enthousiaste, se dispersa.

Hourrah pour les « Amitiés françaises » !

* *

Paul Fort a terminé son tour de Belgique. Il souleva, partout où il passa, l'enthousiasme des vrais poètes et les aboiements des cuistres. La presse — ou, du moins, la plus grande part de la presse — se montra d'une incompréhension pénible.

Laissez faire, laissez passer ! Le temps est là, qui débarrasse aisément le bon grain de l'ivraie et fortifie les colonnes tandis que pourrissent les troncs les plus hauts !

* *

Le théâtre des Variétés d'Anvers va représenter *Les Torches* de nos collaborateurs Georges Rens et François Léonard. Nous en rendrons compte prochainement.

* *

Le théâtre Belge marche de succès en succès. La seconde soirée qu'il organisa récolta d'ardents bravos. Ajoutons cependant qu'on y jouait du Molière, avec, en vedette, un artiste parisien.

On a, je pense, totalement abandonné l'idée d'y donner des œuvres d'auteurs nationaux.

* *

Pour paraître aux éditions de FLAMBERGE :

Le Maître-Amour de Georges Rens ;

Les Nains, un acte en prose de Théo Plomteux ;

Le curieux impertinent de Guillen de Castro, traduit de l'espagnol par P.-H. Devos.

FLAMBERGE.

A PARTIR de ce numéro, **FLAMBERGE** *est mise en vente en France et en Belgique par les soins de l'éditeur FIGUIÈRE. — Afin de nous éviter des frais inutiles, nous prions nos amis de France qui voudront soutenir notre œuvre en s'y abonnant de nous faire parvenir en un mandat international, le montant de leur abonnement.*

ABONNEMENT POUR LA BELGIQUE : **8 francs.**

ABONNEMENT POUR LA FRANCE : **10 francs.**

═══════

Principaux articles publiés dans les 8 premiers numéros de FLAMBERGE (Mai à Décembre) :

CAMILLE LEMONNIER :

    J.-H. Rosny aîné.

MAURICE WILMOTTE :

    Une Ecole littéraire à Liège vers 1850.

H. GAUTHIER-VILLARS :

    Mons et l'Hellade.

LOUIS PIÉRARD :

    Le Théâtre Belge ;

    Hélène de Sparte à Paris ;

    L'Enchantement d'un jour de Toussaint.

MAURICE DES OMBIAUX :

    L'Équilibre.

GEORGES RENS :

    La Maison Van Houte.

MAUBEL :

    Sur deux Symphonies de Lizst (fragment).

FRANZ HELLENS :

    Le Salut du soir.

ALEXANDRE MERCEREAU :

    Le Mur.

VICTOR LAFOSSE :

    Morale et éducation morale.

J.-H. ROSNY AÎNÉ :

    La Mort de Lérande.

TANCRÈDE DE VISAN :

    Obsession.

JEAN-MARC BERNARD :

    Willy.

Les Éditions de la RENAISSANCE DU LIVRE

Ed. MIGNOT, éditeur

78, Boulevard Saint-Michel, PARIS

Collection « In Extenso »

(Romans des maîtres contemporains, en volumes à 0,5o).

A publié des œuvres de : Abel Hermant, J.-H. Rosny, Léon Hennique, Paul Adam, Camille Lemonnier, etc...

Œuvres complètes de H. de Balzac

En 3 forts volumes in-8 grand colombier, reliés dos cuir, fers spéciaux : **36 francs,** franco domicile.

Tous les chefs - d'œuvre de la Littérature Française

En cent volumes de luxe, textes définitifs avec notices biographiques et critiques ; collection *unique*, indispensable à tous ceux qui veulent posséder une bibliothèque judicieusement composée. **120 francs** la collection complète.

CASE A LOUER

CASE A LOUER

REVUES & JOURNAUX

. . . . Faisant l'échange avec FLAMBERGE . . . . . .

Vers & Prose — Trimestriel
15, rue Racine, PARIS.

Mercure de France — Bi-Mensuel
26, rue de Condé, PARIS.

Les Documents du Progrès — Mensuel
59, rue Claude-Bernard, PARIS

Le Masque — Mensuel
152, rue des Béguines, BRUXELLES.

Les Rubriques Nouvelles — Mensuel
94, rue La Fontaine, PARIS.

L'Occident — Mensuel
17, rue Eblé, PARIS.

Le Thyrse — Mensuel
104, avenue Montjoie, BRUXELLES.

La Plume — Hebdomadaire
15, rue Plattesteen, BRUXELLES.

La Plume — Bi-Mensuelle
41, rue de Penthièvre, PARIS.

La Vie — Hebdomadaire
68, rue Mazarine, PARIS.

S. I. M. — Mensuel
René Lyr, BOITSFORT.

Nouvelle revue Française - Mensuel
35-37, rue Madame, PARIS.

La Belgique Française — Mensuel
28, rue Renier Chalon, BRUXELLES.

L'Effort libre — 20 fois par an
« La Mérigote », POITIERS.

Les Chants de l'Aube — Mensuel
20, rue Américaine, BRUXELLES.

Le Beffroi — Mensuel
33, avenue des Gobelins, PARIS.

Wallonia — Mensuel
142, rue Fond-Pirette, LIÈGE.

Les Marges
5, rue Chaptal, PARIS.

Le Catholique — Mensuel
66, Montagne aux Herbes-Potagères, BRUXELLES.

Le Parvis — 146, rue du Faubourg Saint-Denis, PARIS.

Les Guêpes — SAINT-RAMBERT D'ALBON (Drôme).

Le Rythme — 7, quai Voltaire, PARIS.

Exil — Mensuel
99, avenue Albert, BRUXELLES.

Le Divan — COULONGES-SUR-L'AUTIZE (Deux-Sèvres).

Ombres & Formes — SAINT-PIERRE-LE-MOUTIER (Nièvre)

SOMMAIRE :

Le Numéro : UN Franc

IMP. COOPÉRATIVE OUVRIÈRE, CUESMES. — GÉRANT : A. URBAIN.